헌법을 읽는 어린이

대한민국 헌법

헌법 전문

유구한 역사와 전통에 빛나는 우리 대한 국민은 3·1 운동으로 건립된 대한민국 임시 정부의 법통과 불의에 항거한 4·19 민주 이념을 계승하고, 조국의 민주개혁과 평화적 통일의 사명에 입각하여 정의·인도와 동포애로써 민족의 단결을 공고히 하고, 모든 사회적 폐습과 불의를 타파하며, 자율과 조화를 바탕으로 자유 민주적 기본 질서를 더욱 확고히 하여 정치·경제·사회·문화의 모든 영역에 있어서 모든 이의 기회를 균등히 하고, 능력을 최고로 발휘하게 하며, 자유와 권리에 따르는 책임과 의무를 완수하게 하여, 안으로는 국민 생활의 균등한 향상을 도모하고 밖으로는 세계 평화와 인류 공영에 이바지함으로써 우리들과 우리들의 자손의 안전과 자유와 행복을 영원히 확보할 것을 다짐하면서 1948년 7월 12일에 제정하고 8차에 걸쳐 개정한 헌법을 이제 국회의 의결을 거쳐 국민 투표에 의하여 개정한다.

1987년 10월 29일

헌법을 읽는 어린이

임병도 글 · 윤지회 그림

사계절

차례

헌법 이야기를 시작하며 8

1장 반갑다, 헌법!
1. 도대체 헌법이 뭐지? 14
2. 헌법이 생겨난 까닭 21
3. 우리나라 헌법의 역사 23

2장 세계 여러 나라의 헌법
1. 김일성-김정일 헌법, 북한 헌법 42
2. 일본, '평화 헌법'을 지키자! 46
3. 미국의 헌법 49

3장 우리나라 헌법 이야기

1. 우리나라 헌법 전문 56
2. 대한민국 헌법의 기본 원리 일곱 가지 58
3. 헌법에서 보장하는 국민의 권리 66
4. 헌법에 나온 국민의 의무 72
5. 헌법도 고칠 수 있을까요? 80

4장 헌법이 바꾼 세상

1. 헌법 재판소 90
2. 위헌 법률 심판 97
3. 대통령을 그만두게 할 수 있다 104
4. 헌법으로도 보장받지 못하는 친일 재산 110
5. 세상에서 가장 부끄러운 유신 헌법 113

헌법 이야기를 마치며 116

대한민국 헌법 118

| 헌법 이야기를 시작하며 |

한 손엔 촛불, 다른 한 손엔 헌법

우리가 헌법을 이해하기는 어렵습니다. 촛불 집회 때마다 시민들은 헌법 제1조 제1항 "대한민국은 민주 공화국이다."라고 말합니다. 그런데 왜 이 말이 중요해 헌법 제일 첫 번째에 나오는지 잘 모릅니다. 도대체 민주 공화국이 무슨 뜻인지 아는 사람도 별로 없습니다. 어른들조차 이해하기 어려운 헌법을 초등학생과 중학생이 알 수 있도록 설명하는 일은 무척 어렵습니다.

'민주 공화국'이라는 말을 알기 위해서는 1919년 '대한민국 임시 헌장'부터 1948년 '대한민국 제헌 헌법'의 과정을 알면 이해가 쉽습니다. 민주주의의 장점은 주권이 국민에게 있고 권력이 국민으로부터 나온다는 것입니다. 하지만 모든 국민이 평등하게 살아가기는 어렵다는 단점도 있습니다. 그래서 공화주의가 나왔습니다. 국가의 법과 제도를 통해 부와 권력을 균

등하게 나누고 견제하는 사상입니다. 하지만 개인의 권리를 제한하는 위험성도 있습니다. 우리나라는 민주주의와 공화국의 장점을 모아 '민주 공화국'이라고 부르고 헌법에서 1조 1항으로 정해 놨습니다.

많은 시민들이 촛불 집회에 나가 "대한민국은 민주 공화국이다. 주권은 국민에게 있다."라고 외칩니다. 대한민국을 민주 공화국이라 부를 수 있느냐고 묻는다면 아직입니다. 그래서 우리는 헌법 속에 있는 국민의 권리와 의무를 알고, 국가 기관이 권력을 어떻게 사용해야 하는지 그 경계를 파악하고 있어야 합니다.

헌법이 추구하는 가장 큰 목적은 대한민국 모든 국민이 행복하게 사는 삶입니다. 공평하고 정의로운 세상, 국민이 먼저인 세상을 만들기 위해서는 한 손에는 촛불을, 다른 손에는 헌법을 들고 나가야 합니다.

2017년 봄, 임병도

1장

반갑다, 헌법!

헌법이 뭘까?

밝고 따듯하고 아이들이 뛰어놀 수 있는 살기 좋은 집을 지어 주세요.

네, 딱 그런 집으로 지을게요.

설계도

집을 잘 지으려면 먼저 설계도를 잘 만들어야지.

따뜻한 햇빛이 많이 들어오라고 창을 크게 내자.

펜스는 뾰족하지 않아야 아이들이 다치지 않지.

마당은 잔디를 깔아서 부드럽게 하고.

밝고 따듯하고 아이들이 뛰어놀 수 있는 살기 좋은 집! 그게 바로 우리나라가 추구하는 기본 방향입니다. 헌법인 셈이죠. 이 방향에 맞게 건축 설계사, 건축가, 건축 기술자들이 각자의 역할에 충실하게 설계도를 그리고 집을 만들죠. 마당은 넓게, 펜스는 위험하지 않게, 창은 크게……. 이런 마당, 창, 펜스 등이 바로 구체적인 법률을 의미합니다. 집의 전체 모습인 헌법에 딱 맞는 구체적인 법률인 거죠.

그럼 현실에서 어떻게 쓰이는지 알아볼까요?

헌법 제31조 2항 모든 국민은 자녀에게 적어도 초등 교육과 법률이 정하는 교육을 받게 할 의무가 있다. → 초중등 교육법

대한민국 어린이는 초등학교에 꼭 입학해야 하고, 무상 교육을 받을 수 있어요. 바로 헌법에 의해 만들어진 '초·중등 교육법'에 따른 겁니다.

헌법 제31조 3항 의무 교육은 무상으로 한다.
헌법 제35조 1항 모든 국민은 건강하고 쾌적한 환경에서 생활할 권리가 있다. → 학교 급식법

바로 헌법에 있는 이 두 조항에 따라 '학교 급식법'을 정했지요.

아하, 헌법과 법률의 관계를 이제 알겠어요!

1. 도대체 헌법이 뭐지?

나라의 설계도, 나라의 주춧돌, 헌법

해마다 12월이 되면 초등학교에 들어가야 할 아이들이 있는 가정은 국가로부터 취학 통지서를 받습니다. 보호자 또는 부모님은 자녀에게 초등 교육과 법률(초·중등 교육법 제13조)이 정하는 교육을 받게 할 의무가 있습니다. 이것은 헌법에 나와 있습니다.

왜 헌법에 아이들은 학교에 다녀야 한다고 정해 놨을까요? 민주주의 국가에서 공교육은 국민에게 골고루 기회를 제공하기 위한 수단입니다. 학교를 다니는 것은 단순히 시험 성적만을 위해서가 아닙니다. 교육을 통해 민주주의 시민으로서의 권리와 의무를 배워야 합니다. 국가가 정한 법률이나 정책, 행정을 잘 알고 있어야만 불이익을 당하지 않습니다. 글을 쓰고 읽을 줄 모르는 사람이 많던 시절에는 글을 아는 사람만이 좋은 직업을 가질 수 있었고, 법을 이용해 남보다 더 많은 혜택을 누리기도 했습니다. 헌법에 교육을 적어 놓은 것은 평등한 교육을 통해 국민 누구에게나 공평한 기회를 주기 위해서입니다. 부모 또는 보호자에게는 의무이지만, 아이들 입장에서는 교육을 받을 수 있는 권리가 됩니다.

어린 나이에 일을 해야 하는 경우가 있습니다. 중학생이지만 자신이 사고 싶은 것을 사거나 용돈이 필요해 아르바이트를 하기도 합

니다. 하지만 나이가 어리다고 어른들도 일하기 싫은 새벽 시간대의 일을 주거나 아르바이트 월급을 적게 주거나 제때 지급하지 않을 때가 있습니다. 대한민국 헌법 제32조에는 "나이가 어린 사람의 근로는 특별한 보호를 받는다."고 되어 있습니다. 헌법이 아이들을 보호하라고 어른들에게 명령을 내린 셈입니다. 어른들은 헌법에 기초해 정한 법률에 따라 아이들에게 심한 노동을 시키거나 시급을 적게 주면 안 됩니다. '시급'은 일한 시간에 따라 줘야 하는 임금입니다. 2017년 기준 우리나라 한 시간당 최저 시급은 6470원입니다. 만약 시급을 이보다 적게 주거나 주말이나 야간에 일을 했는데도 돈을 주지 않거나 적게 주면 어떻게 해야 할까요? 헌법에 보장된 노동자의 권리를 지킬 수 있도록 정한 법률 '근로 기준법'을 위반했다며 고용 노동부에 고발하면 됩니다.

 현직 대통령이 다시 대통령에 출마할 수 있을까요? 헌법 제70조를 보면 "대통령의 임기는 5년으로 하며, 중임할 수 없다."고 나와 있습니다. 대통령을 두 번 하지 못하게 헌법에 정해 놨기 때문에 대한민국 대통령은 임기가 끝나면 청와대에서 나와야 합니다. 미국 대통령은 두 번도 할 수 있는데 왜 한국 대통령은 한 번만 할 수 있을까요? 과거 한국의 대통령들은 자기가 계속 대통령을 하겠다고 함부로 법을 고쳤습니다. 그래서 더 이상 욕심을 부리지 못하도록 대통령은 딱 한 번만 할 수 있게 했습니다. 대통령뿐만 아니라 학교의 반장도, 심지어 엄마들의 친목회도 회장의 임기는 몇 년이며 몇 번 할 수 있다고 정해 놓습니다.

 이처럼 대한민국 헌법은 설계도에 따라 집을 짓듯 대한민국의 모든 법률과 명령(대통령령, 총리령), 지방 자치 단체의 조례, 규칙 같은 법을 정할 때 기준이 되는 주춧돌과 같습니다. 주춧돌 위에 기둥을 세우듯 헌법에 따라 갖가지 법률과 명령을 정하는 것입니다.

우리나라 법 가운데 '으뜸 법' 헌법

　우리나라 법은 헌법을 최상위로 일곱 단계 순위가 있습니다. 헌법이 담고 있는 정신을 실제로 이루기 위해 정부와 국회는 법률, 조약, 시행령, 시행 규칙, 행정 규칙, 조례, 규칙을 정합니다. 모든 '법 중 헌법이 최고 법'입니다. 국가의 모든 법은 헌법의 울타리 안에 있습니다. 그래서 헌법에 어긋나는 법률이나 규칙은 '무효'가 됩니다.
　우리 헌법에 부모님은 아이들을 학교에 보내야 한다고 나와 있습니다. 그렇다면 도대체 언제까지 학교에 보내야 할까요? 헌법에서

정한 의무 교육을 풀어서 세세하게 정한 법률이 있는데 바로 '교육 기본법'입니다. 교육 기본법 제8조 '의무 교육'에 보면, "의무 교육은 6년 초등 교육과 3년 중등 교육으로 한다."고 되어 있습니다. 이에 따르면 우리나라 의무 교육은 초등학교 6년과 중학교 3년이고, 고등학교는 아닙니다. 과거에는 국민의 교육 학력이 낮았지만, 지금은 거의 다 고등학교까지 졸업을 합니다. 그래서 고등학교까지 의무 교육을 하기 위한 법안이 계속 나오고 있습니다. 하지만 정부가 돈이 없어 시행하지 못하고 있습니다. 고등학교가 의무 교육이 되면 교실에서 쓰는 교육 자료 값, 교과서, 급식비까지 모두 부담해야

하니까요. 대한민국도 선진국처럼 고등학교까지 의무 교육이 되는 날이 빨리 왔으면 좋겠습니다.

초등학교를 다니다가 퇴학을 당할 수 있을까요? 불가능합니다. 헌법에 나와 있는 초등학교 의무 교육에 대한 것을 낱낱이 법률로 정한 '초·중등 교육법'에 따르면, 교장 선생님은 아이를 나무라거나 혼을 낼 수는 있지만 퇴학을 시킬 수는 없기 때문입니다.

헌법은 우리가 다니는 학교나 가정생활에도 적용이 됩니다. 학교의 규칙을 정해 놓은 학칙도 헌법을 기초로 하고 있습니다. 초등학생도 중학생도 헌법을 알고 있으면 학교의 규칙에 잘못이 있는지 없는지 알 수 있습니다. 만약 학교의 학칙이 헌법에 어긋난다면 잘못됐다고 말해야 합니다.

얼마 전까지만 해도 거의 모든 중학교는 학생들이 머리를 자유롭게 기르지 못하게 했습니다. 남학생들은 머리를 짧게 깎아야 했고, 여학생들은 파마를 할 수 없었습니다. 학생들은 이것이 헌법에서 정한 '신체의 자유'에 어긋난다고 주장했습니다. 그래서 지금은 학생들이 머리를 자유롭게 기르고 있습니다. 다만 학교생활을 할 때 방해가 되거나 학습에 도움이 안 되고 지나치면 안 되겠지요.

헌법은 단순히 국민을 통제하기 위해 정한 법이 아닙니다. 대한민국에서 태어난 국민들이 어떻게 하면 행복할 수 있을지 궁리해서 정해 놓은 틀이고 약속입니다. 헌법에는 국민이 행복을 누리기 위해 필요한 권리를 보장하고 있습니다. 국가가 국민의 행복을 위해 무엇을 해야 하고, 무엇을 하면 안 되는지 정해 놓았습니다. 헌법은 우리나라가 목표로 하는 가치와 질서를 담고, 국가를 운영할 때 지켜야 할 원칙을 정해 놓았습니다. 또 이와 더불어 국민의 기본권을 최대한 보장하고 있는 최고의 법입니다.

2. 헌법이 생겨난 까닭

헌법은 약속

헌법을 영어로 '칸스터튜션(constitution)'이라 합니다. 이 말은 '칸스터튜트(constitute)'에서 왔습니다. 무엇을 '구성하다', '제정하다'라는 뜻입니다. 나라의 새 틀을 짜면서 그 구성원들이 어떻게 살아가야 할지 약속한 기본 틀이라는 것입니다. 그렇다면 우리는 왜 이런 약속을 정했을까요?

옛날에는 왕을 하늘에서 내려 준 사람으로 믿고 마치 신처럼 떠받들었습니다. 왕이 하는 말은 곧 법이 됐고, 왕의 말 한마디에 백성들은 감옥에 가거나 사형을 당하기도 했습니다. 나라를 통치할 때 법보다 왕의 생각과 마음이 더 중요했습니다. 왕이 인자한 성군이면 백성은 그나마 살기 편했지만 무자비한 왕이면 그 나라 백성들은 숨을 죽이며 살아야 했습니다.

1215년 영국 귀족들은 존 왕에게 '대헌장(마그나 카르타)'에 서명을 하게 했습니다. 이 문서에는 국왕이 막무가내로 국민을 잡아가거나 엄청난 세금을 거두지 못하도록 하는 내용이 들어 있었습니다. 왕이 자기 마음대로 권력을 휘두르지 못하게 법으로 딱 정한 것이죠. 영국의 대헌장은 근대 헌법의 시작이라 할 수 있습니다.

　미국은 본토 48개 주(state)와 알래스카와 하와이까지 모두 50개 주가 있습니다. 미국은 주(state) 헌법과 법률이 따로 있습니다. 그리고 이 50개 주의 법 위에 가장 으뜸 법으로 '연방 헌법'이 있습니다. 이 연방 헌법에 따라 미국 정부는 50개 주와 서로 협력하여 하나의 나라가 되는 것입니다.

헌법은 국민의 안전장치

　사람마다 자신이 원하는 일과 싫어하는 일이 있습니다. 사람은 살아가면서 많은 분쟁과 갈등을 겪게 됩니다. 분쟁이 생기면 공평하게 재판을 해야 합니다. 재판을 하려면 처벌할 근거가 있어야 합니다. 바로 이러한 근거와 기준이 헌법이고, 이 헌법에 따라 정한 법률과 규칙이 있습니다. 이것을 통틀어 '법'이라 합니다.

　헌법은 법 가운데 기초 중의 기초라 할 수 있습니다. 헌법에는 국민이 누려야 하는 기본 권리와 국민으로서 해야 할 의무가 담겨 있습니다. 또 권력자와 관청이 어떤 원칙과 기준에 따라 나라를 다스

리고 운영해야 하는지도 알뜰히 담겨 있습니다. 누가 대통령이 되든 법으로 정해 놓아 국민을 함부로 하지 못하도록 대비해 놓은 안전장치와도 같습니다.

3. 우리나라 헌법의 역사

조선 고종 정부의 약속 '홍범 14조'

1894년 12월 김홍집을 중심으로 한 개화당 내각은 개혁 정신 열네 가지 '홍범 14조'를 정해 종묘 앞에서 나아가 고종에게 서명하게 합니다. 종묘는 조선 왕과 왕비의 위패를 모신 사당입니다. 바로 이런 사당 앞에서 서명을 하게 한다는 것은 조선 왕실의 조상 앞에서 약속을 하는 것과 같습니다. 여기서 '홍범(洪範: 큰물 홍·법 범)'이란 말 그대로 '아주 큰 기본 규칙'이라 할 수 있습니다. 그러니까 앞으로 조선 정부가 해 나가고자 하는 큰 줄기라고 보면 됩니다.

1895년에 발표한 '홍범 14조'는 "제1조 청에 의존하는 생각을 버리고 자주독립의 기초를 세운다."에서 시작해 "제14조 문벌을 가리지 않고 인재 등용의 길을 넓힌다."로 끝납니다. 그야말로 아주 큰 줄거리를 열네 줄로 정한 것이죠.

제5조는 "의정부와 마을 관청의 직무와 권한을 명백히 규정한다."고 되어 있고, 제6조는 "납세는 법으로 정하고 함부로 세금을 징수하지 아니한다."고 되어 있습니다. 정부 관청이 해야 할 일을 명확히 하고, 세금을 법률에 따라 거둬야 한다는 '조세 법률주의'를 말하고 있습니다. 또 제13조는 "민법과 형법을 정하여 인민의 생명과 재산을 보호한다."고 되어 있습니다. 앞으로 국민의 생명과 재산을 보호하기 위해 따로 민법과 형법을 마련하겠다는 뜻입니다. 법이라기보다는 한 나라의 정부가 앞으로 어떻게 해 나갈 것인지 밝힌 계획 문서라 할 수 있습니다.

1919년 '대한민국 임시 헌장'

1919년 3·1 만세 운동이 일어난 뒤 1919년 4월 10일 우리나라 독립 운동 지방 대표자 27명이 중국 상해(상하이)에 모입니다. 그들은 대한민국 임시 정부 입법 기관 임시 의정원을 꾸리고, 여기서 '대한민국 임시 헌장' 10조를 정합니다. 이 헌장은 단 열 줄로 되어 있지만

제1조 대한민국은 민주 공화제로 한다.

제2조 대한민국은 임시 의정원의 결정을 거쳐 임시 정부가 통치한다.

제3조 대한민국은 인민의 남녀, 귀천과 빈부의 계급이 없고 모두 평등하다.

제4조 대한민국 인민은 종교, 언론, 저작, 출판, 결사, 집회, 통신, 주소 이전, 신체와 소유의 자유가 있다.

제5조 대한민국 인민은 선거권과 선거에 후보로 나갈 권리가 있다.

제6조 대한민국 인민은 교육, 납세, 병역의 의무가 있다.

제7조 대한민국은 신(神)의 뜻에 따라 건국한 정신을 세계에 널리 떨치고 나아가 인류 문화와 평화에 이바지하기 위해 국제 연맹에 가입한다.

제8조 대한민국은 옛 황실을 우대한다.

제9조 생명형, 신체형, 공창제를 모두 폐지한다.

제10조 임시 정부는 나라를 되찾은 뒤 1년 안에 국회를 소집한다.

대한민국 정부 형태의 원칙과 국민의 기본권을 담고 있습니다.

임시 정부 임시 헌장은 나라를 빼앗긴 처지에서 임시로 정한 헌법이라 할 수 있습니다. 일제 강점기 상하이 임시 정부는 나라 이름을 '대한민국'이라 하고, 정치 형태를 '민주 공화제'로 한다고 밝히고 있습니다. 여기서 '민주 공화제'란 조선 시대 임금처럼 군주가 나라를 다스리는 것이 아니라 국민의 직접 투표로 대표를 뽑아 정치를 한다는 말입니다.

나라 이름 '대한민국'을 두고 처음에는 말이 많았습니다. 조선 말 때 고종 정부는 나라 이름을 '대한 제국'이라 하고, 줄여서 '대한'이라 했습니다. 여기서 '제국(帝國: 임금 제·나라 국)'이란 말 그대로 '임금이나 왕이 다스리는 나라'라는 뜻입니다. 임시 정부는 '대한 제국'

民 백성 민.
國 나라 국. '백성이 주인인 나라'라는 의미이지.

에서 '제국' 대신 '민국(民國: 백성 민·나라 국)'을 붙여 대한민국이 백성들이 주인이 되는 나라라는 것을 확실히 했습니다.

제8조의 "옛 황실을 우대한다."는 조항을 두고도 반대하는 사람이 많았지만 한반도 조선 대중들의 정서를 헤아려서 넣기로 했습니다. 제10조를 보면 나라를 되찾으면 1년 안에 국회를 연다고 나와 있습니다. 바로 여기서 지금의 '국회' 이름이 온 것입니다.

상하이 임시 정부의 '임시 헌법'

1919년 9월 11일 국내외 임시 정부가 하나로 뭉쳐 통합 임시 정부가 태어납니다. 이 임시 정부는 단 열 줄, 10조뿐이었던 '임시 헌장'을 더 촘촘하게 다듬어 8장 58조로 정해 '대한민국 임시 헌법'을 선포합니다. 이름도 규칙 같은 '헌장'이 아니라 아주 '헌법'으로 바꿉니다.

대한민국 임시 헌법 전문을 보면, "우리 대한민국은 독립국임과 우리 민족이 자주민임을 선언하였도다." 하는 말이 가장 먼저 나옵니다. 임시 헌법 전문을 통해 대한민국이 그전부터 독립국이었고, 지금도 독립국이라는 것을 밝히고 있습니다. 비록 일본 제국주의에 땅을 빼앗겼지만 우리 대한민국은 독립국이라는 것을 세상에 천명하고 있는 것이죠. 만약 우리가 대한민국 임시 정부와 임시 헌법을 무시한다면 일제 강점기에 한반도에서 벌어진 독립운동은 일본의 주장처럼 '테러'가 되어 버립니다. 하지만 임시 헌법 제3조에 "대한민국의 강토는 옛 한국의 영토로 한다."고 되어 있습니다. 여기서 '옛 한국'은 조선 말 고종 때의 '대한 제국의 영토'를 말합니다. 비록 일제에 점령당해 중국 상하이에 임시 정부를 세웠지만, 한반도의 땅이 대한민국 국토라는 사실을 정확히 말하고 있습니다. 일제는 독립국 대한민국을 침략한 나라이기에 우리의 무장 독립 투쟁은 정당합니다. 일제 강점기 대한민국 임시 정부는 무장 독립 투쟁을 하면서도 결코 민간인을 함부로 죽이지 않았습니다.

영화 〈암살〉에서 의열단장 김원봉은 무장 독립 투쟁을 하러 떠나는 독립군에게 "일본인이라도 민간인을 해쳐서는 안 됩니다. 모든 민간인은 죄가 없습니다. 총알에도 눈이 있다고 생각합시다." 하며 당부합니다. 광복군은 독립을 위해 무차별적인 싸움을 벌이지 않았습니다. 비록 일본인이지만 민간인은 보호했습니다. 이렇게 임시 정부 임시 헌법을 알고 나면 테러와 무장 독립 투쟁이 어떻게 다른지 알 수 있습니다.

대한민국 임시 헌법을 보면 지금의 헌법과 비슷한 구절이 많습니다. 임시 헌법 "제2조 대한민국의 주권은 대한 인민 전체에 있다."와 지금 우리나라 헌법 "제1조 2항 대한민국의 주권은 국민에게 있고, 모든 권력은 국민으로부터 나온다."는 같은 뜻입니다. 둘 다 정치 형태를 국민들이 선거로 대표를 뽑는 '민주 공화국'을 말하고 있는 것이죠.

대한민국 임시 헌법을 보면 지금의 국회라 할 수 있는 임시 입법 기관 임시 의정원 의원을 경기·충청·경상·전라·함경·평안도·중국·러시아 동포는 6명씩 뽑고, 강원·황해도·미국 동포는 3명씩 선거로 뽑는다고 정해 놓았습니다. 그래서 임시 의정원 57명을 뽑았습니다. 지금의 국회 의원 선거처럼 지역을 대표하는 선거 방법으로 했습니다. 또 임시 헌법 제13조를 보면 대통령 후보로 나갈 수 있는 자격을 만 40세 이상으로 해 놓았는데, 지금도 똑같이 헌법 제67조 4항에 대통령 후보의 자격을 40세 이상으로 정해 놓았습니다.

우리나라 헌법 전문에는 "우리 대한 국민은 3·1 운동으로 건립된 대한민국 임시 정부의 법통과 불의에 항거한 4·19 민주 이념을 계승"한다고 나와 있습니다. 이렇게 봤을 때 우리나라 헌법의 뿌리는 1895년 조선 정부에서 발표한 '홍범 14조'에 두지 않고 일제 강점기 중국 상하이에 있었던 대한민국 임시 정부의 '대한민국 임시 헌법'에 있다고 볼 수 있습니다.

해방 뒤 우리나라 첫 헌법, '제헌 헌법'

1945년 8월 15일 광복이 됐지만 우리나라는 제대로 된 헌법을 정하지 못했습니다. 북한은 소련군이, 남한은 미군이 다스렸기 때문입니다. 미군은 우리나라 행정과 치안을 일본으로부터 이어받았고, 미국 육군 존 하지 장군이 최고 권력자가 됐습니다. 존 하지 장군은 맥아더 장군이 지휘하는 연합군 최고 사령부의 지시를 받았습니다. 우리나라의 건국을 준비하는 '건국 준비 위원회'가 있었지만 미군은 이 조직을 인정하지 않았습니다. 대한민국 임시 정부의 임시 헌법과 '남조선 과도 입법 의원'이 정한 법률 대신 태평양 지역을 다스리는 미군 총사령부의 명령에 따라 남한을 통치했습니다. 대한민국 국민이지만 미국 군인이 정해 놓은 법에 따라 사느라 대한민국은 극심한 혼란과 갈등이 빚어지기도 했습니다.

1948년 5월 10일 남한 최초의 선거가 치러졌고 우리나라 헌법을 정할 국회 의원 198명을 뽑았습니다. 이 국회를 '제헌 국회' 또는 '제헌 의회'라 합니다. 여기서 '제헌(制憲: 만들 제·법 헌)'은 말 그대로 '법을 새로 정한다'는 뜻입니다. 국회 의원들은 곧바로 우리나라 기본법인 헌법을 간추리기 시작했습니다. '헌법 기초 위원회'는 헌법 초안을 마련하고 1948년 6월 23일 국회 본회의에 올렸습니다. 7월 12일 국회에서 통과해 7월 17일 대한민국 제1호 헌법으로 널리 알립니다. 이를 제헌 국회가 헌법을 정했다고 해서 '제헌 헌법'이라 합니다.

제헌 헌법은 전문과 103조로 되어 있는데 지금 눈으로 보아도 아주 민주적이면서 앞서 있는 헌법이었습니다. 제헌 헌법에는 정치·경제·교육 기회의 균등을 강조하는 '삼균주의'가 담겨 있습니다. '균등'은 기회와 권리가 누구에게나 차별이 없어야 하고, 그렇게 해서 모두 고르게 잘 살아가자는 말입니다.

제헌 헌법에 삼균주의가 녹아든 까닭은 당시 사회가 너무 불평등했기 때문입니다. 당시 얼마 안 되는 지주들은 농사지을 땅을 거의 다 차지하고 있었고, 나머지 사람들은 그 땅을 빌려 짓는 소작농이었습니다. 그리고 그도 할 수 없으면 농촌을 떠나 도시로 나가 노동자가 되었습니다. 이런 형편에서는 무엇보다도 국민 모두가 정치·경제·교육에서 기회가 균등하고 차별이 없는 것, 이것이 가장 중요하고 절박한 문제였습니다.

제헌 헌법 제18조를 아래에 들어 보겠습니다.

운수, 통신, 금융, 보험, 전기, 수도, 가스처럼 공공성이 있는 기업은 국영 또는 공영으로 한다.

여성이나 아이들이 차별받지 않아야 하며, 지주의 아들이나 소작인의 자식도 법 앞에서는 평등하다.

> **제18조**
> 근로자의 단결, 단체 교섭과 단체 행동의 자유는 법률의 범위 내에서 보장한다. 영리를 목적으로 하는 사기업에서 일하는 근로자는 법률이 정하는 바에 따라 이익의 분배에 참여할 수 있고 혜택을 누릴 권리가 있다.

　이 조항을 보면 노동자가 자신의 권리를 위해 파업할 수 있는 자유가 있다는 것을 인정하고 있습니다. 또 어느 회사가 이익을 많이 남겼다면 회사는 노동자와 같이 그 이익을 나누어야 한다고 말하고 있습니다. '산업 민주주의'란 말이 있는데, 우리 제헌 헌법은 바로 이런 민주주의 정신을 경제 활동의 두 주체인 고용자와 노동자에게 명확하게 제시해 놓았습니다. 더구나 당시 사회 분위기에서 회사가 돈을 많이 벌면 노동자와 함께 나누어야 한다는 말은 상상도 하기 어려운 생각이었습니다. 그래서 반대가 많았을 것 같지만 반대 의견이 거의 없었다고 합니다. 사실 이 조항이 지금 대한민국 헌법보다 더 앞서 있고 파격적인 조항이라 할 수 있습니다.

　제헌 헌법 제87조에는 "운수, 통신, 금융, 보험, 전기, 수도, 가스처럼 공공성이 있는 기업은 국영 또는 공영으로 한다."고 되어 있습니다. 여기서 '국영'은 정부가 직접 회사를 운영한다는 말이고, '공영'

은 정부가 많은 돈을 투자하여 공공성이 없어지지 않게 운영되도록 한다는 말입니다. 사실 우리나라에는 국영 기업은 없고 거의 다 공영 기업이라 할 수 있습니다.

몇 해 전부터 철도와 지하철을 민영화한다는 말이 있습니다. 여기서 '민영화'란 정부가 투자를 하지 않고 일반 기업에게 철도와 지하철을 판다는 말입니다. 그러면 철도와 지하철은 일반 회사가 되어 버리고 공공성이 없어지게 됩니다. 철도나 지하철을 운영하는 회사는 어떻게 하든 이익을 남기기 위해 요금을 올릴 것이고, 그렇게 되면 그 부담은 국민들에게 고스란히 오는 것입니다. 제헌 헌법은 이런 민영화의 위험성을 알고서 공공성이 있는 분야는 국영 또는 공영으로 한다고 정해 놓은 것입니다.

제헌 헌법에 공공복리와 개인의 생존권과 재산권을 보장하게 된 배경은 그때 헌법을 정하면서 독일의 '바이마르 헌법'을 많이 참조했기 때문입니다. 바이마르 헌법은 독일 최초의 민주주의 헌법이고, 무엇보다도 국민의 기본권을 많이 보장했습니다. 이 헌법은 세계 여러 나라 헌법에 많은 영향을 끼쳤습니다.

제헌 헌법은 사라지지 않고 남아 있는 사회 악습을 바꾸려고 노력했습니다. 제대로 대접받지 못하는 여성이나 아이들이 차별받지 않도록 했습니다. 지주의 아들이나 소작인의 자식도 법 앞에서는 평등하다는 사상을 담았습니다. 제헌 헌법은 단순히 헌법을 정했다는 뜻만 있지 않습니다. 헌법을 통해 빈부 격차를 줄이려 했습니다. 우리가 제헌 헌법을 기억해야 하는 이유는 이런 생각이 지금의 헌법으로 이어져 있기 때문입니다.

대한민국 헌법은 1919년 임시 정부의 임시 헌법을 뿌리로 1948년 7월 17일 국회에서 제헌 헌법이 마련된 이후 모두 아홉 차례 개정됐습니다. 이 가운데 두 번은 군사 쿠데타로, 네 번은 독재자의 장기 집권을 위해 개정됐습니다. 이렇게 대한민국 헌법은 집권 세력의 욕심과 불법적인 방법으로 여러 차례 바뀌었습니다. 그러나 국민들의 숭고한 희생과 노력으로 다시 제자리를 찾기도 했습니다. 대한민국 헌법의 역사는 독재와 쿠데타로 얼룩진 고난과 억압의 역사이기도 하지만 민주화 투쟁으로 이룩한 희망의 역사이기도 합니다.

2장
*세계 여러 나라의
헌법

헌법은 모든 나라에 있을까?

세계 여러 나라는 헌법을 갖고 있지만 헌법을 문서로 만들어 놓지 않은 나라도 있습니다. 헌법은 문서화된 법전을 갖추고 있느냐 없느냐에 따라 '성문 헌법'과 '불문 헌법'으로 나뉘지요.

不文憲法
아닐 불   글월 문   법 헌   법 법

↳ '글로 된 헌법이 없다' 라는 뜻이야.

헌법이 없는 나라를 불문 헌법 국가라고 해.
영국, 뉴질랜드가 대표적인 불문 헌법 국가이지.
헌법 없이도 관습법에 따라 판결한단다.

그럼 헌법이 없는 나라에서 국민의 기본권과 관련한 논란이 생기면 어떻게 해요?

예를 들어, 영국은 헌법이 없지만 '대헌장'이나 '권리 장전' 같은 규범이 있고, 이런 규범이 헌법과 같은 구실을 해.

한국처럼 대부분의 나라는 헌법이 성문화되어 있지만 영국, 뉴질랜드, 이스라엘 등은 성문화되어 있지 않죠. 이런 나라들은 관습법이나 일반법 등이 헌법을 대신하기도 합니다.

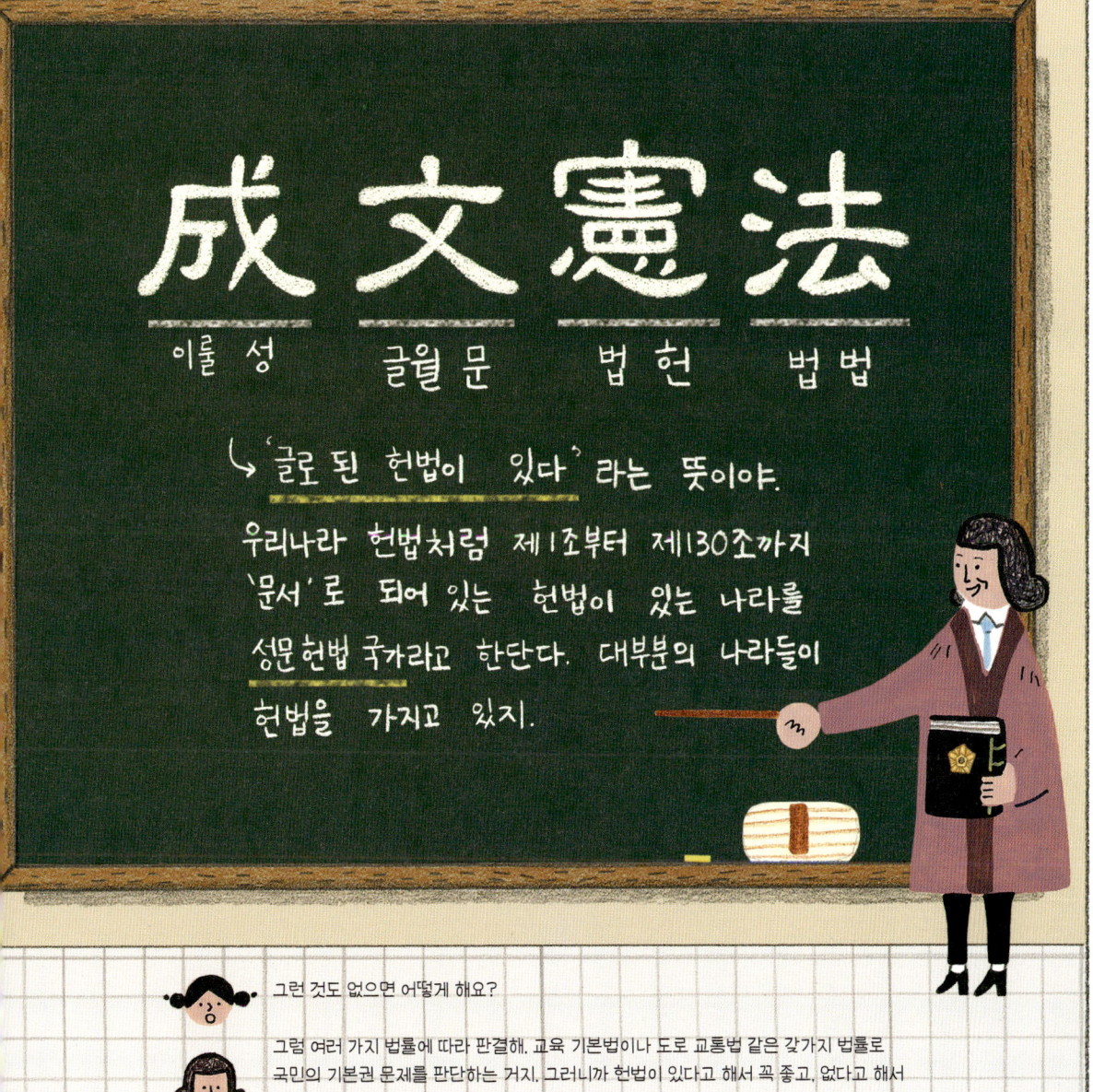

1. 김일성-김정일 헌법, 북한 헌법

정권 대물림의 도구

북한에도 헌법이 있습니다. 북한이 헌법을 마련하기 시작한 해는 1947년입니다. 미국 군인이 남한을 통치할 때 남한의 과도 입법 의원들이 헌법의 기초를 잡고 틀을 잡아 가자 북한도 헌법이 필요하다고 생각했습니다.

북한은 남한보다 우월하다고 선전하기 위해 헌법을 이용했습니다. 북한 헌법 초안의 명칭은 '북조선 임시 헌법'이 아닌 '조선 임시 헌법'이었습니다. 북한만이 아니라 통일이 된 한반도를 염두에 둔 명칭이었습니다. 북한 헌법 초안은 김일성이 '북조선 민전 산하 정당 사회단체 열성자 대회 보고'에서 밝힌 내용과 상당히 비슷합니다. 이는 김일성의 생각이 헌법에 그대로 들어갔음을 의미합니다. 북한 헌법은 만드는 과정에서 소련의 입김이 많이 들어갔습니다. 소련은 북한의 헌법 초안을 살펴보고 '토지의 개인 소유', '노동권', '종교의 자유'는 사회주의 체제와 잘 맞지 않는다고 하면서 다시 한 번 더 검토하라고 했습니다.

북한은 1948년 9월 8일 '조선민주주의인민공화국 사회주의 헌법'을 정했습니다. 오늘날 북한 헌법 서문 첫 구절은, "조선민주주의인민공화국은 위대한 수령 김일성 동지와 위대한 령도자 김정일

동지의 사상과 령도를 구현한 주체의 사회주의 조국이다." 하고 시작합니다. 그만큼 사회주의 국가와 김일성-김정일 정신을 강조하고 있습니다.

김일성이 세상을 떠난 뒤 북한은 헌법을 고칩니다. 헌법 서문에는 김일성을 "공화국의 영원한 주석"으로 높이 모신다고 적어 놓았습니다. 권력을 넘겨받은 김정일은 헌법을 새로 개정하면서 아버지 김일성의 우상화를 더욱 강화했습니다. 북한의 헌법 개정은 김정일이 죽고 김정은에게 권력이 이어질 때도 이루어집니다. 2016

년 북한은 헌법을 개정하면서 서문 마지막에 "조선민주주의인민공화국 사회주의 법은 위대한 김일성 동지와 김정일 동지의 주체적인 국가 건설 사상과 국가 건설 업적을 법으로 정리한 김일성-김정일 헌법이다."고 하면서 끝을 맺습니다.

이처럼 북한 헌법은 자식에게 권력을 물려주는 정당성을 만들어 주는 도구로 이용됐습니다. 국가는 한 사람의 소유물이 될 수 없습니다. 그러나 북한은 헌법을 통해 김일성 가족이 통치할 수 있도록 정당성을 주는 도구가 되고 말았습니다.

집단주의를 원칙으로 삼은 북한의 헌법

북한 헌법에는 공장이나 농장에서 생산한 제품과 농작물은 국가와 단체가 소유하게 되어 있습니다. 그러나 점차 시간이 지나면서 개인 소유의 텃밭이나 부업처럼 개인의 경제 활동으로 얻은 수입을 일부 인정하기도 합니다.

한국은 선거를 할 수 있는 나이가 만 19세 이상입니다. 그러나 북한은 만 17세 이상이면 우리나라의 주민 등록증과 같은 공민증이 나오고 선거를 할 수 있습니다. 북한 헌법 제49조에는 "국가는 학령전 어린이들을 탁아소와 유치원에서 국가와 사회의 부담으로 키워 준다."고 되어 있습니다. 한국도 마찬가지로 유치원을 정부가 지원하는 '누리 과정'이 있어 비슷합니다.

북한 헌법에 따르면 북한 사람들은 세금을 내지 않습니다. 북한은 "세계 유일의 세금 없는 나라"라고 홍보하고 있습니다. 진짜 북한은 세금이 없을까요? 아닙니다. 생산물이 국가와 협동단체의 소유이기 때문에 거래수입금(거래세)이나 사회협동단체리익금을 미리 걷고 있습니다. 거래수입금은 우리나라의 부가 가치세와 같고, 사회협동단체리익금은 우리나라의 소득세와 같습니다. 또 국가 소유의 기업은 국가기업리익금을 내는데, 이것은 우리나라 회사가 내는 법인세와 같습니다. 이처럼 개인은 세금을 내지 않지만 사회 곳곳에 세금이 있는 것입니다.

　북한 헌법 제63조에는 "하나는 전체를 위하여, 전체는 하나를 위하여"라는 말이 있습니다. 개인의 자유를 사회 집단 속에서만 보장되는 권리로 보고 있는 것입니다. 북한 헌법이 집단주의를 원칙으로 하고 있다는 것은 개인의 권리나 자유를 제한할 수도 있다는 말입니다. 북한의 인권 문제 가운데 가장 심각한 것은 강제로 구금을 하거나, 의사 표현의 자유가 없다는 점, 종교와 신념의 자유를 제대로 누리고 있지 못하다는 점을 들 수 있습니다.

2. 일본, '평화 헌법'을 지키자!

일본의 평화 헌법

일본 헌법을 가리켜 '평화 헌법'이라 합니다. 제2차 세계 대전을 끝내고 패망한 일본은 주권을 박탈당합니다. '일본 제국 헌법'도 효력이 정지됩니다. 일본을 점령한 연합군 사령부 맥아더 장군은 일본

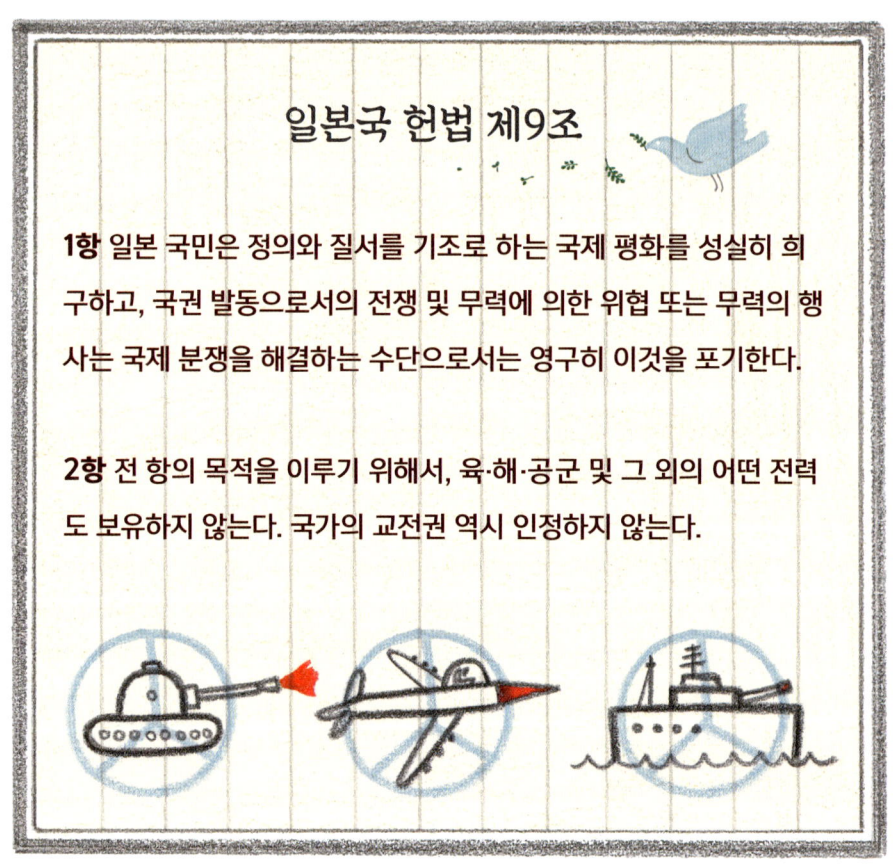

제국 헌법의 개정을 요구합니다. 일본은 헌법 초안을 제출하지만, 과거 일본 제국 헌법과 차이가 없어 연합군 사령부는 거부합니다. 연합군 사령부는 '맥아더 초안'이라 하는 헌법을 일본 정부에 제시하고, 일본은 헌법 개정안을 발표합니다.

일본 헌법 전문을 보면, 일본 사람들은 "다시는 전쟁의 참화가 일어나는 일이 없을 것"이라고 다짐합니다. 또 "일본 국민은 영원한 평화를 염원"한다고 합니다. 특히 9조에는 국제 분쟁을 해결하는 수단으로 쓰는 무력의 행사를 영구히 포기하겠다고 천명합니다. 그래서 일본은 무력행사를 할 수 있는 자국의 군대 육·해·공군을 꾸릴 수 없어 '자위대'라 합니다. 이렇게 일본은 헌법 전문과 제9조를 통해 아시아와 세계 여러 나라를 침략한 전쟁을 다시는 벌이지 않겠다고 세계 사람들에게 약속을 한 것입니다.

일본은 헌법까지 바꾸고 싶어 합니다. 그러나 일본 헌법 제96조에는 중의원과 참의원 총의원의 3분의 2가 찬성해 국회가 발의한 뒤에 국민 투표를 실시해 승인받아야만 한다고 되어 있습니다. 국민 투표를 한다면 평화 헌법을 지키려는 일본 국민의 반대로 헌법 개정이 어렵습니다. 그래서 일본 아베 신조 정권은 헌법은 그대로 놓아두고, 2015년 9월 19일 새벽 '안전 보장 관련 법안'을 참의원 본회의에서 통과시켰습니다. 안전 보장 관련 법안 통과로 일본은 집단 자위권을 인정하고, 자위대를 전 세계로 파견할 수 있게 됐습니다.

그러나 일본의 안전 보장 관련 법안은 헌법 제9조와는 정반대되는 성격의 법입니다.

　일본의 우익과 집권 자민당은 평화 헌법을 고쳐 자신의 군대를 꾸리고 싶어 합니다. 그들의 목표는 평화 헌법을 개정해 '전쟁 가능한 보통 국가'가 되는 것입니다. 이렇게 되면 일본은 막강한 경제력에 기반한 무서운 군사 대국이 될 수 있습니다. 지금 일본 평화주의자들은 2007년부터 '평화 헌법 9조 지키기'에 나서고 있습니다. 이런 일본 군사 대국화에 한국과 중국은 일본의 평화 헌법이 개정되지 않도록 세계 여러 나라와 함께 노력해야 할 것입니다.

3. 미국의 헌법

미국의 '수정 헌법'

미국은 영국의 식민지였습니다. 영국은 1756년부터 1763년까지 미국에서 프랑스와 인디언을 상대로 전쟁을 벌였습니다. 전쟁 때문에 나라의 재정이 어려워지자 영국은 미국으로 수입되는 설탕, 커피, 신문, 심지어 카드놀이에까지 세금을 부과했습니다. 미국은 영국의 과도한 세금에 항의하면서 독립 전쟁을 통해 결국 식민지 지배에서 벗어났습니다.

미국의 '독립 선언서'는 독립 전쟁의 정당성과 인간의 본성 등이 담긴 헌법 문서 중의 하나입니다. 미국은 각 주마다 헌법을 제정했는데, 일부 주 헌법에 '독립 선언서'를 추가하기도 했습니다. 미국은 연방 정부와 주 정부로 구성된 연방 국가입니다. 독립 전쟁에서 승리했지만, 중앙 정부의 힘이 약해 하나의 국가로 보기 어려울 정도였습니다.

1787년 미국 펜실베이니아 주 필라델피아에서는 헌법 회의가 열렸는데, 이를 기초로 13개 주에서 비준된 미국 헌법이 탄생합니다. 미국 헌법은 총 7개조로 아주 짧습니다. 그래서 '미합중국 헌법전'이라는 성문 헌법과 미국 법원의 헌법에 관한 해석과 판결을 통해 만들어진 불문 헌법으로 구성돼 있습니다.

미국의 수정 헌법과 '권리 장전'

　미국 헌법이 만들어졌지만, 연방주의를 반대하는 사람들은 연방 정부가 주의 자치나 개인의 자유를 침해할까 봐 걱정했습니다. 이들은 자신들의 권리가 담긴 10개의 조항을 헌법에 포함시켜 줄 것을 요구했습니다. 그래서 헌법 본문 7개 조항 이외에 수정된 제1조에서 제10조까지를 '권리 장전'이라고 부르기도 합니다. 미국의 헌법은 본문 7개 조항과 계속해서 추가된 27개 조항이 있는데, 수정된 헌법을 '수정 헌법'이라고 부릅니다. 수정 헌법 제1조는 '신앙의 자유', '언론·출판의 자유', '집회·결사의 자유', '발언과 청원의 자유'를 담고 있습니다.

수정 헌법 제1조

연방 의회는 국교를 정하거나 또는 자유로운 신앙 행위를 금지하는 법률을 제정할 수 없다. 또한 언론·출판의 자유나 국민이 평화로이 집회할 수 있는 권리 및 불만 사항의 구제를 위하여 정부에 청원할 수 있는 권리를 제한하는 법률을 제정할 수 없다.

　미국 대통령은 취임식 때 대부분 성경책에 손을 얹고 선서를 합니다. 종교의 박해를 피해 영국에서 넘어온 청교도들이 주장했던 수정 헌법 제1조의 '신앙의 자유' 조항 때문에 문제가 되지 않습니다. 하지만 너무 광범위한 자유가 명시된 '수정 헌법 제1조'는 논란이 되기도 합니다. 미국 대법원은 판결을 통해 개인의 자유를 폭넓게 인정하기로 제한을 하기도 합니다. 미국의 '수정 헌법 제1조'는 개인이 추구하는 자유와 헌법이 보장하는 자유에 대해 고민에 빠지게도, 또 이를 발전시키는 주제이기도 합니다.

3장

우리나라
헌법 이야기

헌법의 구성

대한민국의 헌법은 전문, 본문, 부칙 등으로 구성되어 있습니다. 전문에는 헌법을 왜 만들었는지 이유와 목적이 있습니다. 헌법을 구성하는 첫 번째는 국민의 기본권이고 두 번째는 국가 조직입니다. 대한민국 헌법 제1장은 대한민국이 어떤 나라이고 주권이 누구에게 있는지 알려 줍니다. 제2장에서는 국민의 권리와 의무가 무엇인지 알려 줍니다. 제3장부터 8장까지는 국회, 정부, 법원, 헌법 재판소, 선거 관리, 지방 자치 등의 국가 조직

전문
헌법을 만든 과정, 원리, 지향하는 가치가 담겨 있어요. 헌법의 핵심이자, 다른 헌법 조항을 해석하는 지침이 되지요.

우리나라 헌법 구성 모습을 한눈에 알 수 있네!

총강
"대한민국의 주권은 국민에게 있고, 모든 권력은 국민으로부터 나온다."라는 유명한 문구가 들어 있는 부분이에요. 헌법의 핵심 가치이죠.

국민의 권리와 의무
나라를 운영하는 기본 원리, 3가지 국민의 권리와 7가지 국민의 의무가 들어 있어요.

국회
국회 구성 요건, 역할, 국회 의원의 자격과 의무 및 권리에 대해 나와 있어요.

정부
대통령의 자격과 역할, 임기, 권리와 의무에 대해, 또한 행정부를 구성하는 국무총리, 국무 위원 등 행정부 공무원들의 자격과 역할, 행정 각부와 감사원의 자격과 역할이 나와 있지요.

법원
대법원의 역할과 대법원장의 자격, 재판의 절차 규정 등에 대해 나와 있어요.

을 어떻게 구성하는지 정해 놓습니다. 9장은 경제, 10장은 헌법을 개정하는 방법을 자세히 설명해 놓습니다. 헌법은 큰 틀만 제시하고 있습니다. 그래서 자세한 세부 규칙은 별도의 법률로 만들어 놓기도 합니다. 예를 들어 제3장에서 국회 의원 수와 선거구, 임기를 정해 놓고, 자세한 국회 업무는 '국회법'을 따로 만들어 세부 사항을 따르도록 하고 있습니다.

법

헌법 재판소
헌법 재판소가 하는 일, 지켜야 할 일, 조직 운영에 필요한 규칙들이 나와 있어요.

선거 관리
선거와 국민 투표의 공정한 관리를 위한 여러 가지 규칙이 나와 있어요.

지방 자치
지방 자치 단체의 운영 요건 등에 대해 나와 있어요.

경제
개인과 기업이 생각하는 경제 모습과 자유와 창의를 존중하는 게 기본이죠!

헌법 개정
헌법을 개정할 때에도 헌법에 따라 조건과 순서에 맞추어 차근차근 해야 해요. 그 과정과 요건에 대해 나와 있어요.

부칙
헌법의 구체적인 시행 날짜와 부가적인 규정 등이 들어 있어요.

1. 우리나라 헌법 전문

대한민국 역사와 민족의 목표를 헌법 전문에

대한민국 헌법에는 '전문'이 있습니다. '전문(前文: 앞 전·글월 문)'은 말 그대로 헌법 조문 앞에 있는 글입니다. 헌법에 전문이 꼭 있어야만 하는 것은 아닙니다. 다만 우리나라 헌법에는 조문 앞에 전문을 두어 대한민국의 역사와 우리 민족의 목표를 자세히 말하고 있습니다.

유구한 역사와 전통에 빛나는 우리 대한 국민은 3·1 운동으로 건립된 대한민국 임시 정부의 법통과 불의에 항거한 4·19 민주 이념을 계승하고, 조국의 민주개혁과 평화적 통일의 사명에 입각하여 정의·인도와 동포애로써 민족의 단결을 공고히 하고, 모든 사회적 폐습과 불의를 타파하며, 자율과 조화를 바탕으로 자유 민주적 기본 질서를 더욱 확고히 하여 정치·경제·사회·문화의 모든 영역에 있어서 모든 이의 기회를 균등히 하고, 능력을 최고로 발휘하게 하며, 자유와 권리에 따르는 책임과 의무를 완수하게 하여, 안으로는 국민 생활의 균등한 향상을 도모하고 밖으로는 세계 평화와 인류 공영에 이바지함으로써 우리들과 우리들의 자손의 안전과 자유와 행복을 영원히 확보할 것을 다짐하면서 1948년 7월 12일에 제정하고 8차에 걸쳐 개정한 헌법을 이제 국회의 의결을 거쳐 국민 투표에 의하여 개정한다.

1987년 10월 29일

3·1 운동으로 세운 대한민국 임시 정부를 계승한 나라

처음부터 끝까지 한 문장으로 된 전문입니다. 가장 먼저 우리나라가 3·1 운동으로 건립된 대한민국 임시 정부의 법통을 계승한다고 말합니다. 우리 국민은 일제 강점기 3·1 운동을 통해 일본에 저항했습니다. 불의에 항거하는 우리 민족의 특성은 4·19로 이어집니다. 이승만 대통령은 부정 선거를 자행했습니다. 투표용지와 투표함을 바꿔치기했습니다. 혼자서 투표하지 못하도록 동네 사람들을 서너 명씩 묶어서 투표하게 했습니다. 심지어는 투표함을 불태우기도 했습니다. 국민들은 이승만의 부정 선거에 항의해 거리로 나왔습니다. 경찰은 시민들을 향해 총을 쏘기도 했습니다. 초등학생까지 나와 "총을 쏘지 마세요!" 하고 외쳤습니다. 결국 이승만은 대통령에서 물러나 하와이로 망명을 떠났습니다. 불법을 자행하는 대통령과 정부에 저항하는 일은 헌법을 부정하는 것이 아니라 오히려 헌법 정신을 지키는 일입니다.

우리나라는 한겨레이지만 분단국가입니다. 헌법은 같은 민족이 하나로 뭉쳐야 한다고 말하고 있습니다. 전쟁이 벌어지면 남과 북 모두 잿더미가 되고, 수많은 국민이 목숨을 잃습니다. 그래서 우리는 평화적 통일을 해야 한다고 헌법에 적어 놨습니다. 또 우리 헌법은 단순히 한반도의 평화 통일뿐만 아니라 세계 평화에 이바지해야 한다고 말하고 있습니다.

2. 대한민국 헌법의 기본 원리 일곱 가지

　기쁨이의 가족은 행복한 가정을 만들기 위해서 무엇이 필요한지 함께 고민했습니다. 가정의 행복을 위해서는 가족을 먼저 생각하고, 약속도 꼭 지켜야 한다고 정해 놨습니다. 이 원칙에 따라 아빠는 직장에서 퇴근하면 술을 마시지 않고 일찍 집에 들어와 아이들과 놀아 준다는 약속도 했습니다. 가족이 즐겁게 살아가자는 원칙에 따라 한 달에 한 번은 가족 여행을 가기로 했습니다. 만약 기쁨이와 동생이 싸우면 아빠와 엄마가 판단을 해 잘못한 사람에게 벌을 주기로 했습니다. 잘못을 한 사람은 하루에 한 시간 컴퓨터를 쓰지 못하는 벌칙도 정했습니다.

　기쁨이 가족과 마찬가지로 대한민국 헌법의 목적은 국민이 자유롭고 행복하게 사는 나라를 가꾸는 데 있습니다. 이런 나라를 이루기 위해 헌법은 몇 가지 기본 원칙을 바탕에 깔고 있습니다. 헌법의 기본 원리는 법률과 규칙을 정하는 기준이 됩니다. 국가 정책을 결정하는 기준이 되기도 합니다. 헌법의 기본 원리는 헌법 재판소가 위헌이나 합헌 심사를 할 때 기준이 됩니다. 헌법의 기본 원리를 알아야 무엇이 헌법에 어긋한 것인지 알 수 있습니다. 대한민국 헌법을 잘 모르는 사람도 헌법 제1장 제1조는 많이 알고 있습니다.

국민 주권주의

제1조 1항 2항	대한민국은 민주 공화국이다. 대한민국의 주권은 국민에게 있고, 모든 권력은 국민으로부터 나온다.

　헌법 제1조 1항과 2항은 국민 주권의 원리를 말하고 있습니다. 국민 주권의 원리를 위해 헌법에는 국민이 국가의 의사 결정에 참여할 수 있는 방법을 말하고 있습니다. 국회 의원이나 대통령을 뽑는 선거, 자치 단체장을 뽑는 선거에 투표하는 것이 바로 국민 주권을 행사하는 행위라 할 수 있습니다.

권력 분립주의

제40조	입법권은 국회에 속한다.
제66조 4항	행정권은 대통령을 수반으로 하는 정부에 속한다.
제101조 1항	사법권은 법관으로 구성된 법원에 속한다.

대한민국은 법치 국가입니다. 사람이 아니라 법에 의해 통치되는 나라입니다. 법치 국가에서는 한 사람이나 하나의 국가 기관이 권력을 독점해서는 안 됩니다. 권력을 남용하지 않고 공정하게 통치하기 위해서입니다. 이를 '권력 분립'이라고 합니다. 대한민국 헌법은 권력 분립을 국가 권력의 조직 원리로 채택하고 있습니다. 국가 권력이 입법권, 행정권, 사법권으로 나뉘어 서로 견제하고 통제하면서 권력의 균형을 이루는 것은 법치 국가를 운영하는 가장 중요한 원칙입니다. 행정부와 사법부, 입법부는 법률에 따라 국가 기관을 운영하고 공권력을 행사해야 합니다.

복지 국가주의

제35조 1항	모든 국민은 건강하고 쾌적한 환경에서 생활할 권리를 가지며, 국가와 국민은 환경 보전을 위하여 노력하여야 한다.

특히 한국처럼 양성평등이 제대로 뿌리내리지 못한 나라에서는 여성의 권익을 보장해 줘야 합니다. 여성이 차별받지 않도록 남녀 고용 평등법이나 여성 관련 복지법이 잘 지켜지도록 해야 합니다. 노인, 청소년, 장애인, 질병이 있는 국민은 경제생활을 하기 어렵습니다. 생활 능력이 없는 이들을 위해 국가는 노령 연금, 장애인 수당, 건강 보험처럼 갖가지 지원을 하고 있습니다. 바로 헌법에 나온 복지 국가주의 원리에 따른 것입니다.

국제 평화주의

제5조 1항	대한민국은 국제 평화의 유지에 노력하고 침략적 전쟁을 부인한다.

우리는 헌법의 '국제 평화주의' 원칙으로 대외 관계를 하고 있습니다. 대한민국 헌법은 전문에서 "세계 평화와 인류 공영에 이바지"한다고 적고 있습니다. 전쟁의 공포와 위협 때문에 자꾸 군비를 증강한다고 해서 평화가 저절로 오지는 않습니다. 대화를 통해 해결해야 합니다. 서로 칼을 가지고 있는 상황에서는 해결하기 어렵습니다. 칼을 내려놓고 진정으로 대화를 하면 풀리지 않는 일은 없을 것입니다.

10퍼센트!

2017년도 대한민국 국방 예산
40조 3347억 원

통일되면 국방비를 줄여 복지비로 쓸 수 있을 텐데…….

[우리나라 2017년도 전체 예산]

평화 통일주의

제4조 | 대한민국은 통일을 지향하며, 자유 민주적 기본 질서에 입각한 평화적 통일 정책을 수립하고 이를 추진한다.

　대한민국 대통령은 "조국의 평화적 통일을 위한 성실한 의무"를 집니다. 김대중 대통령과 노무현 대통령이 북한을 방문하고 대화를 하면서 개성 공단을 연 까닭은 평화 통일을 앞당기기 위해서입니다. 개성 공단에는 본래 북한의 장거리 포대가 있었습니다. 만약 북한 개성 공단의 포병 부대에서 포를 쏘면 서울은 사정권에 있기 때문에 엄청난 피해를 봅니다. 개성 공단이 조성되면서 북한의 포병 부대가 서울 쪽이 아닌 평양 쪽으로 이동했습니다. 개성 공단이 생겨 서울이 더 안전해진 셈입니다. 하지만 지금은 개성 공단이 폐쇄되었습니다.

문화 국가주의

제10조	모든 국민은 인간으로서의 존엄과 가치를 가지며, 행복을 추구할 권리를 가진다. 국가는 개인이 가지는 불가침의 기본적 인권을 확인하고 이를 보장할 의무를 진다.
제34조 1항	모든 국민은 인간다운 생활을 할 권리를 가진다.

 국가는 문화 활동의 자유를 보장하고, 문화 국가를 실현하기 위해 노력해야 한다는 원리가 문화 국가주의입니다. 인간은 단순히 생존을 위해서만 살지는 않습니다. 국민은 문화생활을 누리고 싶은 욕구가 있습니다. 국가는 문화생활에 필요한 도서관이나 공원, 박물관 같은 문화 시설을 지어 국민의 문화 욕구를 충족시켜야 합니다.

집 근처에 도서관과 공원이 있어서 아주 좋아요!

도서관, 미술관, 공원 등은 국민 모두의 문화생활을 위해 국가가 지원하죠.

 헌법 제9조에 "국가는 전통문화의 계승·발전과 민족 문화의 창달에 노력하여야 한다."라고 되어 있습니다. 국가는 국민의 문화생활을 보장하는 일뿐만 아니라 우리의 전통문화를 계승하고 발전시키는 노력도 같이 해 나가야 합니다.

법치주의

　　법치주의는 국가의 모든 권력 행사가 국민의 대표 기관인 국회가 정한 법률에 근거를 두고 행해져야 한다는 원리입니다. 헌법에서 '대한민국은 법치주의'라고 하지는 않습니다. 그러나 법률에 의한 기본권 제한이나 사법권의 독립을 통해 '법치주의'를 말하고 있습니다. 대한민국 헌법은 단순히 무조건 법에 따라 집행하라고 하지 않습니다. 법과 개인의 자유와 평등, 기본권이 맞서는 상황이 벌어지면 쉽사리 판단하기 힘든 경우가 얼마든지 있습니다.

> 할머니, 여기서 장사하시면 안 됩니다. 법을 어긴 거예요.

> 무슨 놈의 법?!

> 법도 좋지만 먼저 사람이 먹고 살아야지! "사람 위에 법 없다."란 말도 몰라?!

> 도로법, 식품 위생법, 소비자 보호법을 어기셨어요.

3. 헌법에서 보장하는 국민의 권리

국민의 기본권을 보장하라!

왕이 다스리는 시대에는 왕이 "저놈이 나에게 절을 하지 않았다. 당장 곤장을 때리고 감옥에 가두어라!" 이렇게 명령하면 그 누구도 피할 수 없이 감옥에 갇혔습니다. 아돌프 히틀러는 장애자들을 쓸모없고 세금만 낭비한다며 가두고 죽이기도 했습니다. 이런 일이 현대에서 다시 벌어질 수 있을까요? 헌법이 제대로 지켜지는 국가라면 불가능합니다. 헌법은 인간이 태어나서 누려야 할 권리를 보장하고 있기 때문입니다.

헌법에는 국민의 기본권을 보장하고 있습니다. 인간은 누구나 자신이 하고 싶은 일을 할 수 있는 권리가 있습니다. 생각을 말하고 표현하고 싶어 합니다. 살고 싶은 곳에서 살고 싶어 합니다. 이런 인간의 기본적인 권리를 헌법에서는 '기본권'이라 합니다.

2007년 한 고등학생이 '학생 인권 관련 토론회' 전단지를 친구들에게 돌렸습니다. 학교는 허가받지 않은 전단지를 돌렸다면서 징계를 내렸습니다. 학생은 헌법의 기본권인 '표현의 자유'를 침해당했다며 국가 인권 위원회에 진정을 냈습니다. 국가 인권 위원회는 학생 표현의 범위와 절차에 대해 합리적인 기준을 정하고, 앞으로 이런 일이 더는 발생하지 않도록 하라는 의견을 냈습니다.

헌법 제2장 제10조에 보면 "모든 국민은 인간으로서의 존엄과 가치를 가지며, 행복을 추구할 권리를 가진다."고 되어 있습니다. 인간으로서의 존엄과 가치를 해치는 행동을 하면 처벌을 받아야겠지요.

평등권을 지켜라!

헌법 제11조에 "모든 국민은 법 앞에 평등하다. 누구든지 성별·종교 또는 사회적 신분에 의하여 정치적·경제적·사회적·문화적 생활의 모든 영역에 있어서 차별을 받지 아니한다."고 말하고 있습니다.

다문화 가정이 증가하면서 혼혈인이 늘고 있습니다. 2010년까지 흑인과 백인 계통의 혼혈인은 군대를 가지 못했습니다. 그러나 외모로 군대를 가지 못하는 것 자체가 차별이기 때문에 2010년부터 흑인과 백인 계통의 혼혈인도 군대를 갈 수 있게 됐습니다.

한국에서도 이슬람교를 믿는 사람들이 많아졌습니다. 그런데 테러리스트 중에 아랍 사람이 많다는 것 때문에 이들을 범죄자처럼 대하는 사례가 있습니다. 헌법에는 종교를 이유로 차별해서는 안 된다고 나와 있습니다. 종교가 다르다는 것만으로 학교에서 차별받거나 직장에서 승진하지 못하는 일이 있어서는 안 됩니다.

휴대 전화 공장에서 똑같이 8시간씩 근무하는 남성과 여성이 있습니다. 그런데 남성의 월급은 200만 원이고, 여성은 150만 원입니다. 이럴 경우 성별에 따라 임금에 차이가 있기 때문에 헌법 정신에 어긋납니다. 2012년 OECD(경제 협력 개발 기구) 11개국 중 한국은 남녀 간 임금 격차가 37.4퍼센트로 1위입니다. 저임금을 받는 비정규직 여성이 많기 때문입니다. 여성의 임신이나 출산, 양육으로 승진이나 월급에서 차별을 하는 회사 규칙은 위법입니다.

정부와 국민의 사회 기본권

고등학교 2학년 철수는 동네 치킨 가게에서 알바를 합니다. 그런데 최저 시급 6470원보다 적은 5000원을 받고 있습니다.

철수는 왜 최저 시급을 지키지 않느냐고 따졌습니다. 그러자 가게 사장은 "너는 나이가 어려서 어른보다 일을 잘 못하잖아!" 했습니다. 헌법 제32조에 국가는 "적정 임금의 보장에 노력하여야 하며, 법률이 정하는 바에 의하여 최저 임금제를 시행하여야 한다."고 되어 있습니다. 그래서 시급을 적게 주는 것은 헌법을 어기는 일입니다.

국민이 인간다운 생활을 할 권리를 '사회 기본권'이라 합니다. 국가는 국민의 복지를 위해 노력할 의무가 있습니다. 국가는 여성, 노인, 청소년, 장애인의 복지를 위한 정책을 성실하고 알뜰히 해야 할 의무가 있는 것입니다.

열 살 영희는 부모님이 안 계시고 할머니하고 살고 있습니다. 할머니가 아프셔서 영희는 초등학교를 다니지 못하고 혼자서 박스나 빈 병을 주워 팔아 생계를 잇고 있습니다. 정부는 이런 형편에 놓인 영희를 적극적으로 도와야 합니다. 모든 국민은 교육을 받을 권리가 있고, 초등학교는 의무 교육으로 무상입니다. 또한 영희가 그 어린 나이에 돈을 벌게 하는 것은 국가가 해야 할 일을 저버리는 것과 같습니다. 국가는 생활 능력이 없는 국민을 보호해야 한다고 법률로 정해 놨기 때문입니다.

인간다운 생활을 할 권리!

헌법 제2장 제35조에 보면 "모든 국민은 건강하고 쾌적한 환경에서 생활할 권리를 가지며, 국가와 국민은 환경 보전을 위하여 노력하여야 한다."고 되어 있습니다.

공장은 주민에게 배상을 해야 하고,

정부는 공장에 악취가 나지 않도록 시설을 강화하거나 이전을 명령할 수 있습니다.

4. 헌법에 나온 국민의 의무

총리나 장관 같은 공직자가 되려면 인사 청문회를 거칩니다. 그런데 이 청문회를 보면 병역을 면제받았거나 세금을 내지 않아서 문제가 될 때가 있습니다. 헌법은 국민의 권리를 보장하는 동시에 국민의 의무도 있다고 정해 놨습니다. 하지만 우리나라는 고위 공직자나 재벌 회장 같은 사람들이 국민의 의무를 다하지 않아 비판을 받을 때가 많습니다.

국방의 의무

제39조
1항 모든 국민은 법률이 정하는 바에 의하여 국방의 의무를 진다.

대한민국 남성의 병역 면제율은 6.4퍼센트입니다. 그런데 우리나라 최고 재벌 그룹 남성의 병역 면제율이 73퍼센트라는 조사 발표가 있었습니다. 다른 재벌가의 면제율 역시 33퍼센트로 5배나 높았습니다. 대한민국 고위 공직자의 병역 면제율이 일반인의 33배라는 자료도 있습니다.

납세의 의무

제38조 모든 국민은 법률이 정하는 바에 의하여 납세의 의무를 진다.

국민은 세금을 내야 할 의무가 있습니다. 이것을 '납세의 의무'라 합니다. 여기서 '납세'는 '세금을 낸다'는 말입니다. 국민은 재산세나 소득세 같은 '직접세'와 물건을 살 때 물건값에 같이 들어 있는 '부가 가치세' 같은 간접세로 세금을 냅니다.

조세 평등주의

> **제11조**
> **1항** 모든 국민은 법 앞에 평등하다. 누구든지 성별·종교 또는 사회적 신분에 의하여 정치적·경제적·사회적·문화적 생활의 모든 영역에 있어서 차별을 받지 아니한다.

'조세 평등주의'란 모든 국민은 세금과 관련하여 평등하게 대우받아야 하며, 세금 부담은 국민의 부담 능력에 따라 공평하게 이루어져야 한다는 말입니다. 어떤 사람이 권력과 재력이 있다고 해서 세금을 적게 물려서도 안 됩니다. 평등의 원칙에 따라 돈을 많이 버는 사람에게는 많이, 돈을 적게 버는 사람에게는 적게, 다시 말해 세금은 누구에게나 공정하고 공평해야 합니다. 이것이 조세 평등주의입니다.

교육의 의무

> **제31조**
> 2항 (……) 자녀에게 적어도 초등 교육과 법률이 정하는 교육을 받게 할 의무를 진다.
> 3항 의무 교육은 무상으로 한다.

헌법에서는 "적어도 초등 교육"을 의무 교육으로 정하고 있습니다. 그런데 지금 우리나라는 중학교까지 의무 교육입니다. 헌법을 개정한 때가 1987년이어서 지금의 현실과 다른 것입니다. 그 대신 교육 기본법, 유아 교육법과 초·중등 교육법, 고등 교육법 같은 법률로 국민이 교육을 받을 권리와 의무를 아주 촘촘하게 정해 놓았습니다. 아이들은 초등 교육과 중등 교육을 받을 권리가 있고, 부모는 자녀에게 교육을 시켜야 할 의무가 있는 것입니다.

노동의 의무

제32조

1항 모든 국민은 근로의 권리를 가진다. (……) 법률이 정하는 바에 의하여 최저 임금제를 시행하여야 한다.

2항 모든 국민은 근로의 의무를 진다.

3항 근로 조건의 기준은 인간의 존엄성을 보장하도록 법률로 정한다.

'근로(勤勞: 부지런할 근·일할 로)'는 글자 그대로 '부지런히 일한다'는 말입니다. 헌법 제32조는 국민에게 일할 권리(1항)와 일할 의무(2항)가 있다는 것을 말하고, 3항부터 6항까지는 국민이 일할 권리를 누리고 의무를 잘 실행할 수 있는 것을 법으로 뒷받침하고 있습니다. 다시 말해 3항부터 6항까지는 국가가 해야 할 일을 말하고 있다고 볼 수 있습니다.

2017년 최저 시급 6470원! 언제쯤 최저 시급 1만 원이 되려나?

환경 보전의 의무

> **제35조**
> **1항** 모든 국민은 건강하고 쾌적한 환경에서 생활할 권리를 가지며, 국가와 국민은 환경 보전을 위하여 노력하여야 한다.

우리가 흔히 '국민의 4대 의무'라고 알고 있지만, 헌법에는 환경 보전의 의무도 포함돼 있습니다. 헌법 전문에는 우리와 우리들의 아이들이 영원히 안전하고 행복하게 살 것을 의미하는 문장이 있습니다. 우리 후손들이 안전하고 행복하게 살기 위해서는 지금의 자연환경을 파괴하지 않고 물려줄 의무가 있습니다. 환경이 점점 나빠지면서 국민과 국가는 환경을 오염시키지 않고 보전해야 할 의무가 4대 의무처럼 중요해진 것입니다.

재산권 행사의 의무

제23조
1항 모든 국민의 재산권은 보장된다.
2항 재산권의 행사는 공공복리에 적합하도록 하여야 한다.

개인의 재산은 보호되어야 합니다. 그러나 국민은 자기의 재산권 행사를 공공복리에 적합하게 사용해야지, 남용해서는 안 될 의무가 있습니다. 현대 국가에서는 재산이 개인의 노력만으로 이루어진다고 보지 않습니다. 사회와 국가 시스템과 함께 축적된 재산이므로 공공복리에 적합한 선에서 행사하도록 하는 의무를 부과한 것입니다.

5. 헌법도 고칠 수 있을까요?

비정상적으로 개정된 우리 헌법의 역사

박정희가 사망하고 전두환을 주축으로 신군부 세력이 12·12 쿠데타를 일으켜 다시 군인들이 권력을 장악했습니다. 전두환은 '유신 헌법'에 따라 체육관에 모인 정부 측 인사들의 투표로 대통령에 취임했습니다. 전두환은 헌법을 개정해 대통령 임기를 7년 단임제로 바꾸었습니다. 1987년 국민들은 대통령을 직접 뽑겠다며 개헌을 요

구하며 거리로 나왔습니다. 결국 전두환과 함께 쿠데타를 일으켰던 노태우는 직선제 개헌을 수용한다고 발표합니다. 6·29 선언, 6월 항쟁의 힘이었습니다.

　헌법은 집을 짓는 설계도처럼 국민의 기본권이나 국가 조직, 선거 제도 등을 규정해 놓았습니다. 그런데 시간이 지나고 사회가 변하면서 국가 조직이나 선거 방식이 맞지 않는 일도 벌어집니다. 이런 시대적 흐름에 따라 헌법도 고칠 수 있습니다. 하지만 헌법은 함부로 고치거나 바꿀 수 없습니다. 자꾸 헌법을 바꿔 대통령 임기를 늘리

거나 자신에게 유리한 선거 제도로 헌법을 바꾸면 다른 많은 법들도 새롭게 만들거나 수정해야 하는 등 파급력이 크기 때문입니다. 만약 개헌을 통해 국가 조직과 권한이 변경되면 국회법과 정부 조직법을 모두 수정해야 합니다. 그러나 주권을 가진 국민이 헌법의 개정과 폐지를 요구하고 새로운 헌법을 추구하는 일은 결코 부정적인 것은 아닙니다. 그런데 한국에서는 권력자들이 집권 연장을 위해 헌법을 마음대로 바꾼 일이 자주 있었습니다. 특히 계엄령을 선포하는 등 비상 상황에서 헌법을 개정했던 모습은 자유라는 기본권을 침해한 동시에 법치 원리를 무시한 위헌적인 요소가 많았습니다. 대한민국 헌법이 개정된 역사를 통해 우리의 헌법이 얼마나 만신창이가 됐고, 또 힘들게 다시 살아남았는지 알아보겠습니다.

이승만, 대통령을 더 하고 싶어 헌법을 고치다

대한민국 헌법은 1948년 헌법을 처음 정한 뒤 아홉 차례나 바뀌었습니다. 시대의 흐름과 국제적인 정세, 국민의 요구에 따라 헌법을 개정했으면 좋겠지만, 거의 다 그렇지 않고 권력자의 마음에 따라 바꾸었습니다.

제1차 헌법 개정은 한국 전쟁으로 수도를 부산으로 옮겼을 때 이루어졌습니다. 전쟁으로 나라가 난리인데도 이승만은 대통령을 더 하려고 헌법부터 고치기로 마음먹습니다. 제헌 헌법에는 대통령의 임기를 4년으로 하고, 국회 의원들이 뽑는다고 되어 있습니다. 이승만은 대통령 임기 규정 때문에 더는 대통령을 할 수 없자 헌법을 고쳤습니다. 개헌을 반대하는 야당 국회 의원들이 탄 버스를 헌병대를 동원하여 강제 연행합니다. 그리고 국회 의사당 문을 걸어 잠그고 군인과 경찰들의 삼엄한 감시 속에서 기립 표결로 개헌안을 통과시켰습니다.

군인 대통령 박정희의 '유신 헌법'

4·19 혁명으로 이승만의 장기 집권을 막아 낸 국민에게 벼락이 떨어졌습니다. 5·16 군사 쿠데타가 벌어진 것입니다. 4·19 혁명의 주역인 국민들이 누려야 할 기쁨을 도둑질해 갔습니다. 군인 박정희는 탱크와 총칼로 정권을 잡은 뒤 헌법을 고쳐 가며 18년 동안 집권했습니다.

박정희는 1961년 5·16 군사 쿠데타로 정권을 잡고 1962년 다섯 번째 개헌을 합니다. 5차 개헌은 헌법 개헌 역사에서 처음으로 국민투표로 고친 사례입니다. 박정희는 군인들이 일으킨 군사 쿠데타를 '혁명'이라 하면서 헌법 전문에 "5·16 혁명의 이념에 입각"한다는 구절을 넣습니다. 무력으로 권력을 잡은 무자비한 독재자가 국가의 이념까지 바꾼 셈입니다. 박정희는 장기 집권을 위한 6차 개헌을 합니다. 6차 개헌은 대통령을 세 번까지 잇따라 할 수 있게 고쳐서 '3선

개헌'이라고도 합니다.

 1972년 10월 17일 박정희는 전국에 비상 계엄령을 선포합니다. 이것을 역사에서는 '10월 유신'이라 합니다. '유신(維新: 맬 유·새로울 신)'은 '낡은 제도를 고쳐 새롭게 시작한다'는 말입니다. 하지만 박정희의 말과 달리 한국을 새롭게 하겠다는 것은 헌법 개정이었습니다. 박정희는 1972년 10월 정당과 국회를 해산하고 정치 활동도 금지합니다. 그러고는 비상 국무 회의에서 정한 헌법 개정안을 11월 21일 국민 투표를 통해 결정합니다. 유신의 달 10월에 개정했다고 해서 이 헌법을 '유신 헌법'이라 합니다. 유신 헌법은 대통령과 국회 의원 임기를 6년으로 연장했고, 대통령을 국민 투표가 아닌 '통일 주체 국민 회의'에서 뽑도록 바꾸었습니다.

지금 우리나라 헌법은 1987년 헌법

 1987년 국민과 정치권이 대통령 직선제 개헌을 위해 서명 운동을 벌였습니다. '직선제 개헌'이란 대통령을 국민의 손으로 직접 투표를 해서 뽑자는 운동입니다. 그때 서울대 학생 박종철 군이 경찰에 잡혀가 고문을 받아 죽는 사건이 일어났습니다. 당시 전두환 정부는 "책상을 탁 치니 억 하고 쓰러졌다."는, 그런 말도 안 되는 주장을 했습니다. 시민들과 학생들은 박종철 군을 추모하는 시위를 벌였고 시내로 달려 나가 대통령 직선제 개헌을 외쳤습니다.

1987년 6월 29일 민정당 대선 후보였던 노태우는 '직선제 개헌'을 하겠다고 발표합니다. 이것을 역사에서는 '6·29 선언'이라 합니다. 대통령 직선제와 5년 단임제로 고치는 '9차 개헌'은 여당과 야당이 같은 수로 '8인 정치 회담'을 꾸려 헌법 개정 역사에서 처음으로 여당과 야당의 합의로 개헌을 했습니다. 지금 우리 대한민국의 헌법은 바로 1987년에 개정한 헌법입니다.

4장

헌법이 바꾼 세상

헌법 재판소의 구성

헌법 재판소는 9명의 재판관으로 구성되고 이들 재판관 중 1명이 헌법 재판소장이 됩니다. 9명 모두 대통령이 임명장을 주지만, 3명은 국회에서 추천하고, 3명은 대법원장이 추천합니다. 그리고 3명은 대통령이 지명합니다. 이는 헌법 재판을 최대한 중립적으로 하기 위해서지요. 같은 이유로, 헌법 재판관은 정당에 가입하거나 정치에 관여할 수 없습니다. 헌법 재판관 임기는 6년이고, 한 번 더 임명될 수 있습니다. 대통령 탄핵 심판이나 법률 위헌 선언, 정당 해산, 기본권

추천하는 곳 따로, 지명하는 곳 따로, 임명하는 곳 따로! 헌법 재판의 중립이 가장 중요하기 때문이에요.

대법원장이 3명

국회에서 3명

대통령이 3명

변호인

참여 사무관

청구인

침해 결정을 하는 경우에는 재판관 9명 중 6명이 찬성해야 합니다.
헌법 재판소에는 헌법 재판관만 있는 것이 아닙니다. 법률 분야의 박사나 검사, 판사 등으로 근무했던 헌법 연구원들이 있습니다. 이들은 헌법 재판소에 사건이 접수되면 그 사건에 대해 조사하고 연구하여 재판관들에게 자료를 제공합니다.

1. 헌법 재판소

독립된 기관, 헌법 재판소

　헌법은 대한민국 법 중에서 가장 최고의 법입니다. 대한민국에 존재하는 법률이나 국회, 대통령, 대법원, 지방 자치 단체 등 국가 조직도 모두 헌법을 위반해서는 안 됩니다. 헌법에 따라 운영하고, 법을 만들고 행정을 펼쳐야 합니다. 그러나 간혹 헌법에 위배되는 법률로 피해를 보는 개인이 생기기도 하고, 국가 기관이나 지방 자치 단체 사이에서도 헌법 위반 여부에 대한 다툼이 일어나기도 합니다. 이런 헌법 관련 분쟁에 대한 조정이나 최종 판정을 해 주는 제도가 '헌법 재판'이고, 이 재판을 하는 곳이 '헌법 재판소'입니다.

　헌법 재판소는 1920년 오스트리아 연방 헌법이 헌법 재판소를 설치하면서 시작됐습니다. 그러나 헌법 재판소가 본격적으로 각 나라에 설치되기 시작한 것은 제2차 세계 대전 이후입니다. 독일의 나치 정권은 다수결에 따라 수립됐지만, 삼권 분립을 무너뜨리고 전쟁을 벌여 전 세계의 수많은 국민을 죽였습니다. 독일은 전쟁에서 패배한 뒤 어느 누구도 권력을 장악하여 마음대로 하지 못하게 헌법 재판소를 만들었습니다. 이때부터 세계 각국은 실질적으로 민주주의를 구현할 수 있도록 일반 법원과 별도로 독립된 헌법 재판소를 설치했습니다. 국가 기관에서 독립된 헌법 재판소는 헌법에 보장된 개인의 자유와 권리를 보장하고, 법률의 위헌 여부를 판단하는 기관으로 자리 잡았습니다.

우리나라의 헌법 재판소는 1987년 개정된 헌법에 따라 1988년 9월 1일에 창설됐습니다. 제헌 헌법에 법률이 헌법에 위반되는 여부를 재판할 수 있는 헌법 위원회도 있었고, 4·19 혁명 이후 개정된 헌법에도 헌법 재판소의 규정이 있었습니다. 하지만 군사 쿠데타 등의 반민주주의 정치 상황으로 활동을 제대로 하지 못했습니다.

헌법 재판소가 설치되기 전에는 국민의 기본권은 단순히 헌법이라는 법전에 있는 문구에 불과했습니다. 헌법을 독재자가 마음대로 뜯어고치기도 했습니다. 1987년 민주화 운동으로 헌법이 개정되면서 국민의 기본권과 헌법의 가치를 지켜 줄 수 있는 헌법 재판소가 출범했습니다.

헌법 재판은 기본권 침해, 헌법 분쟁, 헌법 침해 등을 헌법을 기준으로 판단합니다. 만약 법률이나 공권력이 헌법의 가치나 기본권을 침해한다면 헌법 재판 제도를 통해 바로잡고, 헌법 질서를 지키는 역할을 하는 셈입니다. 헌법 재판소는 의회, 정부, 법원의 간섭을 받지 않는 독립된 기관이자 헌법을 수호하고 지키는 헌법 기관입니다.

헌법 재판소의 기능

헌법 재판소는 헌법을 재판합니다. 그런데 헌법이 무슨 잘못을 했길래 재판할까요? 흔히 법에 따라 국가를 통치하는 '법치주의'가 있습니다. 하지만 법은 완벽할 수 없습니다. 만약 헌법과 반대되는 법이 있으면 고쳐야 합니다. 현실과 맞지 않는 엉터리 법 때문에 사람들이 피해를 입는 경우도 있습니다. 이런 잘못된 법을 고쳐 주는 역할을 헌법 재판소가 담당합니다. 헌법 재판소는 국가 기관이나 지방 자치 단체 간의 분쟁이 있는 경우에는 중재자 역할도 합니다. 국회와 정부, 법원이 헌법이 정한 권한을 넘어서는 일을 하지 않는지 감시자 역할도 합니다. 헌법 재판소에서는 다섯 종류의 헌법 재판을 하고 있습니다.

첫째는 잘못된 법을 바로잡는 '위헌 법률 심판'입니다. '위헌(違憲: 어긋날 위·법 헌)'은 '헌법에 위반된다'는 뜻입니다. 법률이 헌법에 맞는지, 맞지 않는지 여부를 판단합니다. 만약 법이 잘못되었으면 잘못된 법은 폐지시킬 수 있습니다. 위헌 법률 심판은 법원의 판사가 재판 중에 법률이 이상하다고 여기고서 헌법 재판소에 위헌인지, 아닌지를 판단해 달라고 요청하기도 합니다. 위헌 판결은 헌법 재판관 9명 중 6명 이상이 찬성해야 결정될 만큼 중요한 사안입니다.

둘째는 지위가 높은 공무원을 심판하는 '탄핵 심판'입니다. 국민이 투표로 뽑은 대통령이 잘못한 일이 있으면 어떻게 해야 할까요? 그냥 국민들끼리 다시 투표를 하면 될까요? 그 전에 대통령이 무엇을 잘못했는지 심판하고, 잘못이 드러나면 파면시킬 수 있는 제도가 있는데 바로 탄핵 심판입니다. 대상으로는 대통령, 국무총리, 장관, 법관 등의 고위 공무원들이 해당됩니다. 대통령 탄핵은 국회가 결정하는 것이라고 생각하는 사람도 있습니다. 국회에서는 탄핵을 해야 한다고 국회 의원들이 뜻을 모으는 것이고, 최종적으로 대통령 탄핵 결정은 헌법 재판소가 합니다. 헌법 재판소가 탄핵 결정을 해야 대통령이 파면될 수 있습니다.

　셋째는 '정당 해산 심판'입니다. 정당은 비슷한 정치를 꿈꾸는 사람들이 모여서 만든 단체입니다. 국회 의원뿐만 아니라 선거에 나갈 사람과 지역이나 중앙에서 정치 활동을 하는 정치인들이 있습니다. 무소속은 정당에 소속되지 않은 후보를 말합니다. 정치인이 모여 있는 정당이 대한민국 헌법의 이념과 다른 활동을 할 경우, 헌법 재판소는 그 정당을 해산시킬 수 있습니다. 하지만 정당 해산은 중대한 잘못을 저질렀을 때만 가능합니다. 만약 헌법 재판소가 함부로 정당을 해산하는 결정을 내리면 헌법에 보장된 '정치의 자유'를 억압하는 꼴이 됩니다.

　넷째는 어떤 기관에 해당 권한이 있는지 심판하는 '권한 쟁의 심판'입니다. 대한민국에는 국회, 법원, 정부뿐만 아니라 중소기업청, 특허청, 문화재청, 방위 사업체 등 여러 기관이 있습니다. 이를 가리켜 '국가 기관'이라고 합니다. 서울시, 부산광역시, 충청남도, 제주특별자치도와 같은 시방 기관을 '지방 자치 단체'라고 부릅니다. 그런

데 국가 기관과 지방 자치 단체가 어떤 사안을 두고 서로 싸우면 어떻게 될까요? 예를 들어 서울시는 청년 수당을 지급하겠다고 발표했습니다. 그런데 정부는 서울시가 자신과 협의하지 않았다고 서울시에 주는 예산을 삭감하겠다고 나섰습니다. 서울시는 예산을 가지고 정부가 통제하는 것은 문제가 있다면서 '권한 쟁의 심판'을 청구했습니다. 이처럼 중앙 정부와 지방 자치 단체 간의 다툼을 판단하는 역할을 헌법 재판소가 합니다.

다섯째 국민의 기본권을 지켜 달라고 청구하는 '헌법 소원 심판'입니다. 국민은 헌법에 보장된 기본권을 누릴 권리가 있습니다. 그런데 법률이나 국가 기관이 국민의 기본권인 자유 등을 침해하면 어떻게 할까요? 헌법 소원 심판은 국가 기관이나 법이 기본권을 침해했다고 국민이 헌법 재판소에 제기할 수 있는 기능입니다. 헌법 소원 심판을 막무가내로 청구할 수는 없습니다. 반드시 청구하는 본인이 기본권을 직접 침해받은 경우에 할 수 있습니다. 친구가 침해받았다고 자신이 대신 해 줄 수는 없습니다. 초등학생이 고등학교에 올라가면 기본권을 침해당할 수 있다고 미래를 대비해서 헌법 소원을 제기할 수도 없습니다. 그러나 중학교 3학년은 고등학교에 올라가니 해당이 됩니다. 국민이 제기한 '헌법 소원 심판'을 헌법 재판소가 받아들이는 것을 '인용'이라고 합니다. 헌법 재판소의 인용 결정이 내려지면, 국가 기관, 지방 자치 단체 등은 꼭 받아들여야만 합니다.

2. 위헌 법률 심판

헌법을 통해 세상 바꾸기

정치인들은 간혹 "세상을 바꾸겠다."라고 말합니다. 시민들도 나서서 "세상을 개혁하자."라고 외칩니다. 그런데 국회나 거리에서의 외침보다 더 빠르게 세상을 바꾸는 길이 있습니다. 바로 헌법을 통해서입니다. 헌법이 바뀌면 정치·문화·사회 각 분야에 영향을 끼칩니다. 헌법 재판소의 결정에 따라 월급이 올라갈 수도 있습니다. 대학 입학시험에서 불이익을 당하지 않을 수도 있습니다. 법의 처벌을 받지 않고 무죄로 풀려날 수도 있습니다. 반대로 헌법이 지켜 주는 세상이 있습니다. 헌법이 있기에 우리의 기본권이 지켜지기도, 사회가 정상적으로 돌아가기도 합니다. 그만큼 헌법은 우리가 대한민국이라는 나라에서 살아갈 때 큰 영향을 끼칩니다. 헌법이 어떻게 세상을 바꿀 수 있고, 우리를 지켜 주고 있는지 사례를 통해 알아보겠습니다.

'과도한 공부는 이제 그만'

나공부의 엄마는 여고생 딸이 학원에서 일찍 오는 것이 불만입니다. 고3 수험생이니 학원에서 12시까지 강의를 하길 원했습니다. 나공부의 엄마는 학원 원장을 만나 따졌습니다. "원장님, 우리 나공부가 고3 수험생이니 이제 12시까지 강의를 시키세요." 그러자 원장은 "학원은 밤 10시까지밖에 할 수 없는 법 때문에 불가능합니다."라고 대답했습니다. 원장과 나공부의 엄마는 "아니, 공부를 하겠다는데 왜 법이 막느냐?"라며 학원법이 공부를 시키고 할 권리를 침해했다며 헌법 재판소에 헌법 소원 심판을 청구합니다.

  재판부는 학원 교습 시간은 학원법이 아니라 교육감의 학습 시간 지정에 따라 발생했기에 심판 청구는 적법하지 않다고 결정합니다. 또한 학원 교습 시간을 제한하는 것은 학생들의 건강과 안전을 위하고 자습 능력을 향상시킨다고 봤습니다. 학교 교육을 정상화하기 위한 것이라고 판단했습니다. 학원 교습 시간은 밤 10시라고 정해 놓으면서 교육 방송은 늦게까지 하는 이유에 대해서는 교육적 불균형을 해소하기 위한 것이고, 인터넷 강의는 사회적 문제가 작기 때

문에 차별이라고 볼 수 없다고 결정했습니다. 헌법 재판소는 학원 교습 시간 권리 침해에 대하여 '기각' 결정을 내렸습니다. 기각은 헌법 소원이나 심판 청구가 이유 없는 경우에 나오는 결정입니다. 기각은 해당 법률이 헌법에 위배되지 않는다는 '합헌'이라는 뜻이 됩니다. (사건 번호 2014헌마374등)

'노동자의 권리를 침해하는 헌법을 바꾸자'

영어 학원에서 두 달째 일하고 있는 나선생은 갑자기 해고 통지를 받았습니다. 그동안 아무 말도 없다가 갑자기 해고한다는 통지를 받은 나선생은 억울하다고 항변했습니다. 그러나 학원 원장은 월급을 받은 지 6개월이 되지 않은 근로자는 해고 통지를 하지 않아도 된다는 근로 기준법 제35조를 들어 당일 해고 통지는 정당하다고 주장했습니다. 나선생은 6개월 이상 월급 근로자에게만 해고를 예고하고 6개월 미만은 해고 예고를 할 필요가 없다는 근로 기준법이 기본권을 침해했다며 헌법 소원 심판을 청구했습니다.

헌법 재판소는 근로 기준법에 마련된 해고 예고 제도는 근로자가 갑자기 직장을 잃어 생활이 곤란해지는 것을 막기 위한 취지의 제도라고 판단했습니다. 해고 예고를 안 하고 즉시 해고할 수 있도록 규정하는 경우는 천재지변이나 부득이한 이유로 사업 유지가 불가능한 경우, 또는 근로자가 고의로 사업에 큰 지장을 가져왔을 때라고 규정했습니다. 합리적인 이유 없이 6개월 미만인 월급 근로자를 6개월 이상 근로자와 차별하는 것은 근로의 권리를 침해하고 평등 원칙에 위배된다고 판단했습니다. 헌법 재판소는 근로 기준법 제35조를 재판관 전원 일치로 '위헌'이라고 결정했습니다. 이제부터 6개월 미만 회사를 다닌 사람도 미리 해고 통지를 받을 수 있게 됐습니다. (사건 번호 2014헌바3등)

'헌법이 보장하는 촛불 집회'

2016년 10월부터 11월까지 수백만 명의 시민들이 박근혜 대통령 퇴진을 요구하며 광화문 광장에 나와 늦은 밤까지 촛불을 들었습니다. 이렇게 시민들이 밤늦게까지 촛불을 들 수 있었던 배경은 헌법 재판소의 결정에 있습니다.

2008년 광화문 광장 일대에서는 미국산 쇠고기 수입 반대 시위가 있었습니다. 이날 늦게까지 집회에 참석했던 나촛불 씨는 '집회 및 시위에 관한 법률'을 위반했다며 벌금 50만 원을 선고받았습니다. 집회와 시위에 관한 법률에 "누구든지 해가 뜨기 전이나 해가 진 후에는 옥외 집회 또는 시위를 하여서는 아니 된다."라고 되어 있었기 때문입니다. 나촛불 씨는 집회를 늦게까지 할 수 없다는 법률이 '집회·결사의 자유'를 침해했다며 '헌법 소원 심판'을 청구했습니다.

헌법 재판소는 "야간 시위 금지 조항을 해가 진 후부터 자정까지의 시위로 적용하는 것은 위헌이다."라고 결정했습니다. 헌법 재판소는 야간 시위를 금지하는 것은 집회 및 시위의 자유를 과도하게 제한한다고 설명했습니다. 이미 2009년에 야간 시위에 대해서 위헌 결정을 했는데 국회에서는 법을 개선하지 않았습니다. 국회가 일을 제대로 처리하지 못한 셈입니다. 야간에 불법 폭력 집회가 증가하지 않는 현실을 본다면 밤 12시까지 시위 금지는 명백히 위헌이라고 판단했습니다. 다만, 밤 12시 이후부터 해 뜰 때까지의 부분에 대해서는 국민의 법 감정과 시위 문화의 현실을 감안해 국회가 판단하도록 남겨 두었습니다. (사건 번호 2010헌가2등)

2016년 12월 3일 광화문 광장에는 232만 명의 시민이 모였습니다. 헌정 사상 최대 인파가 촛불을 들었습니다. 촛불 집회에 수백만 명의 시민들이 모였지만, 폭력도 발생하지 않은 평화 시위였습니다. 시민들은 가족과 같이 나와 즐거운 음악과 함께 집회를 즐겼고, 끝나고 나서는 함께 쓰레기를 줍기도 했습니다. 평화 시위는 국민만이 노력해서는 되지 않습니다. 법원이 청와대 앞까지의 행진을 허용하거나 헌법 재판소가 야간 시위 금지가 위헌이라는 결정을 내리는 등의 법의 올바른 판단도 필요합니다.

3. 대통령을 그만두게 할 수 있다

'대통령도 탄핵될 수 있나요?'

탄핵될 수 있습니다. 대한민국 헌법 제65조에는 "대통령·국무총리·국무 위원·행정 각부의 장·헌법 재판소 재판관·법관·중앙 선거 관리 위원회 위원·감사원장·감사 위원 기타 법률이 정한 공무원이 그 직무 집행에 있어서 헌법이나 법률을 위배한 때에는 국회는 탄핵의 소추를 의결할 수 있다."고 되어 있습니다. 대통령에 대한 탄핵 소추는 국회 재적 의원 과반수의 발의와 국회 재적 의원 3분의 2 이상의 찬성이 있어야 합니다. 국회에서 탄핵 소추의 의결을 받으면 대통령은 탄핵 심판이 있을 때까지 권한이 정지됩니다.

제헌 헌법 이후 탄핵 소추를 받은 대통령은 노무현 대통령이 처음입니다. 2004년 2월 24일 노무현 대통령은 방송 기자 클럽 대통령 특별 회견에서 "국민들이 총선에서 열린우리당을 지지해 줄 것으로 기대한다."는 발언을 했습니다. 이 발언으로 새천년민주당이 탄핵 소추를 제안했고 한나라당과 자민련이 함께 나서서 탄핵 소추가 의결됐습니다. 탄핵 소추 의결서가 헌법 재판소에 접수되면서 노무현 대통령은 대통령의 권한이 정지돼 당시 고건 국무총리가 대통령 권한 대행을 맡게 됐습니다. (선고 2004헌나1)

노무현 대통령의 탄핵 소추는 국민의 거센 반발에 부딪쳤습니다.

이유는 국민이 뽑은 대통령을 비리나 부패도 아닌 말 한마디로 국회가 탄핵할 수 있는지 여부였습니다. 국민들은 국회 의원들이 대통령을 탄핵한 것은 군사 쿠데타처럼 정권을 찬탈하기 위한 '의회 쿠데타'라고 봤습니다.

헌법 재판소는 노무현 대통령이 정치적 중립성을 위반하기는 했지만, 대통령의 법 위반 행위가 중대하거나 국민의 신임을 저버렸다고 볼 수 없다고 판단했습니다. 헌재는 대통령의 파면 결정을 정당화하는 사유가 없고 "탄핵 결정에 필요한 재판관 수의 찬성(9명 중 6명 이상의 찬성)을 얻지 못하였으므로 이를 기각하기로 결정한다."고 선고했습니다.

국민이 뽑은 국회 의원으로 구성된 국회가 대통령을 탄핵 소추하는 권한을 부여받은 것은 정당합니다. 대통령이 잘못하면 탄핵될 수 있습니다. 그러나 국민이 선출한 대통령을 파면하려면 그만큼 중대한 사안이어야 한다는 헌법 재판소의 결정문처럼 국회 의원이 자신들 임의대로 탄핵 소추 등을 한다면 오히려 국민의 반발과 심판을 받을 수 있다는 사실을 명심해야 할 것입니다.

국민이 찬성한 박근혜 대통령 탄핵

노무현 대통령의 탄핵 소추안이 기각되고 12년 뒤인 2016년 12월 박근혜 대통령의 탄핵 소추안이 국회에서 의결됐습니다. 박근혜 대통령은 2014년 4월 16일 세월호 참사로 304명의 국민이 목숨을 잃는 동안 적절한 대처를 하지 못했습니다. 국민의 생명과 안전을 지켜야 하는 대통령의 의무를 저버린 것입니다. 박 대통령은 최순실이라는 민간인이 권력자처럼 국정에 개입하게 했습니다. 이런 이유 등으로 박근혜 대통령의 탄핵 소추안은 2016년 12월 9일 가결됐고, 헌법 재판소는 2017년 3월 10일 헌법 재판관 전원 일치로 박근혜 대통령의 파면을 결정했습니다. (사건 번호 2016헌나1)

헌법 재판소는 헌법에서는 공무원을 국민 전체에 대한 봉사자로 규정하고 있다고 했습니다. 그러나 박근혜 대통령은 민간인 최순실의 개인적인 이익을 위해 대통령의 지위와 권한을 남용했다고 봤습니다.

박근혜 대통령은 헌법과 법률에 따라 대통령의 권한을 행사해야 했고, 공무 수행은 투명하게 공개해 평가를 받아야 했습니다. 그러나 박근혜 대통령은 민간인 최순실의 국정 개입 사실을 철저히 숨겼고, 의혹이 제기될 때마다 부인하며 오히려 의혹 제기를 비난했습니다. 국민에게는 진상 규명에 협조하겠다고 했으나, 검찰과 특별 검사팀의 조사에도 협조하지 않았고, 청와대 압수 수색도 거부했습니다.

헌법 재판소는 박근혜 대통령의 행동과 말을 보면 법을 위배하는 행위가 반복됐고, 헌법 수호 의지가 드러나지 않았다며, "대통령의 위헌·위법 행위는 국민의 신임을 배반한 것으로 헌법 수호 관점에서 용납할 수 없는 중대한 행위라고 봐야 한다."라며 재판관 전원 일치로 파면 결정을 내렸습니다.

그러나 안타깝게도 '세월호 7시간'에 대해서는 "세월호 사고는 참혹하기 그지없으나 참사 당일 대통령이 직책을 성실히 수행했는지 여부는 탄핵 심판 절차의 판단 대상이 아니다."라며 인정하지 않았습니다. 헌법 재판소의 이런 판단은 대통령의 '무능'은 탄핵 심판 대상이 아니라는 뜻입니다. 국민이 무능한 대통령을 뽑았다면 책임 또한 져야 한다는 냉정하면서도 가혹한 판단입니다. 투표가 얼마나 중요한지 꼭 새겨 봐야 할 사례입니다.

노무현 대통령의 탄핵과 박근혜 대통령의 탄핵은 많은 점에서 차이가 있었습니다. 노무현 대통령의 탄핵은 국민이 반대했고, 박근혜 대통령의 탄핵은 국민이 찬성했습니다. 2016년 10월 29일부터 국민들은 청계 광장에 모여 '박근혜 대통령의 즉각 퇴진'을 외쳤습니다. 매주 토요일마다 광화문 광장에 시민들이 모이기 시작했는데, 50만, 100만, 200만이 넘게 계속 늘어났습니다. 서울뿐만 아니라 부산, 광주, 대구, 저 멀리 제주도까지 전국 각 도시마다 시민들이 촛불을 들고 '박근혜 대통령 퇴진'을 요구했습니다.

노무현 대통령의 탄핵 때도, 박근혜 대통령의 탄핵 때도 국민들은 촛불을 들었습니다. 하지만 국민은 노무현 대통령은 보호했고, 박근혜 대통령은 심판을 요구했습니다. 헌법 재판소 재판관은 탄핵 심판은 보수와 진보라는 이념 문제가 아니라 헌법 질서를 수호하는 문제라는 의견을 내기도 했습니다. 대통령을 어떻게 심판하느냐는 국회와 헌법 재판소에 달려 있지만, 대한민국의 정의를 지키려는 힘과 시작은 국민으로부터 비롯된다는 사실을 다시 한 번 입증한 셈입니다.

4. 헌법으로도 보장받지 못하는 친일 재산

'친일 반민족 행위자 재산의 국가 귀속에 관한 특별법'

우리는 헌법을 통해 개인의 자유와 권리를 침해받지 않는다고 배웠습니다. 그러나 헌법으로도 보장받지 못하는 재산이 있습니다. 바로 친일파의 재산입니다.

'친일 반민족 행위자 재산의 국가 귀속에 관한 특별법(약칭: 친일 재산 귀속법)'은 일제 식민 통치에 협력하고 우리 민족을 탄압한 반민족 행위자가 축적한 재산을 국가에 귀속하는 법입니다. 친일 재산 귀속법의 제1조 목적에는 반민족 행위자의 재산 국가 귀속은 "정의를 구현하고 민족의 정기를 바로 세우며 일본 제국주의에 저항한 3·1 운동의 헌법 이념을 구현하기 위한 것"이라고 되어 있습니다. 헌법으로 보장된 개인의 재산이지만, 친일 재산은 대한민국 헌법으로 보호받지 못하고 오히려 국가로 귀속되어야 헌법의 이념에 맞는다는 의미입니다.

민영휘는 한일 합병에 기여한 공으로 일제로부터 자작 작위와 은사공채 5만 원을 지급받았습니다. 민영휘는 식민지 경제 정책을 뒷받침하기 위해 설립된 '조선 식산 은행'의 설립 위원과 황국 신민화 교육을 추진하기 위한 조선 총독부 교육 자문 기구인 '조선 교육회'의 부회장으로 임명됐습니다. 민영휘는 식민 통치에 협력한 공으로 '쇼와 대례 기념장'과 은배, 금배 등을 수여받았습니다.

민영휘가 받은 토지는 여러 경위를 거쳐 후손 20여 명에게 소유권이 이전됐습니다. '친일 반민족 행위자 재산 조사 위원회'는 조사를 통해 이 토지가 친일 재산 귀속법에 해당하는 친일 재산으로 인정돼 국가로 귀속한다는 결정을 했습니다. 민영휘의 후손들은 2008년 11월 19일 헌법 소원 심판을 청구했습니다. 민영휘의 후손뿐만 아니라 친일 반민족 행위자로 결정된 이해승 씨의 손자도 '위헌 법률 심판 제청'을 하기도 했습니다.

헌법 재판소는 2013년 친일 재산을 환수하는 친일 재산 귀속법이 합헌이라고 결정했습니다. 헌법 재판소는 일제로부터 작위를 받았다는 것은 일제의 귀족이라고 봤습니다. 일제 강점기에 작위를 받았다는 사실 자체만으로도 일제에 협력했다고 판단한 것입니다. 일제 강점기에 작위를 받거나 계승한 사람이라도 작위를 거부하거나 반납하고 독립운동에 참여한 사람은 예외로 인정하기도 합니다.

친일파의 자손은 "친일 재산 귀속법이 2011년 개정됐는데 그 전에 재판을 신청한 사람까지 적용하는 것은 '소급 입법 금지 원칙'에 어긋난다."고 주장했습니다. 그러나 헌재는 친일 재산 귀속 문제는 역사적으로 매우 특별한 사례이고, 대한민국 공동체가 계속해 나갈 과업이라며 '합헌' 결정을 내렸습니다.

반민족 행위자를 처벌하고 그들의 재산을 국가에 귀속하는 일은 진행형이 되어야 합니다. 왜냐하면 식민지를 경험했던 많은 나라들은 대대적인 과거사 청산을 했지만 우리나라는 해방 후 반세기도 더 지났지만 아직도 과거사 청산을 제대로 하지 못하고 있습니다. 친일파 자손들은 부와 권력을 누리고 독립 유공자 후손들은 가난에 시달리는 불합리한 일이 버젓이 벌어지고 있습니다. 대한민국 헌법 전문에는 3·1 운동으로 건립된 대한민국 임시 정부의 법통을 잇는다고 쓰여 있습니다. 친일파들의 재산을 국가에 귀속하고 친일파 후손들의 헌법 소원을 기각한 헌법 재판소의 결정은 대한민국의 헌법 이념을 제대로 지키는 합리적인 판단이었습니다.

5. 세상에서 가장 부끄러운 유신 헌법

차마 헌법이라고 부르기도 부끄러운 '제8호 헌법'

1961년 5·16 군사 쿠데타로 대통령이 된 박정희는 대통령의 중임 제한이 있는 헌법 조항 때문에 1971년 대통령 선거에는 출마할 수가 없었습니다. 그러나 1969년 공화당 의원들의 날치기 처리로 "대통령의 계속 재임은 3기에 한한다."는 개헌안을 통과시켰습니다. 대통령 출마가 가능해진 박정희는 1971년 김대중 후보와의 치열한 접전 끝에 95만 표 차이로 당선됩니다. 하지만 그해 치러진 제8대 국회 의원 선거에서 신민당이 개헌 저지선을 확보하면서 박정희의 정권 연장은 불가능해졌습니다.

대통령 자리에서 물러나기 싫었던 박정희는 유신 헌법을 개정하기 전에 '10·17 비상조치'를 통해 국회를 해산하고, 정당 및 정치 활동을 금지하고 휴교령을 내렸습니다.

유신 헌법은 박정희를 위한 헌법인 동시에 대한민국 헌법을 파괴한 헌법이었습니다. 먼저 박정희는 영구 집권을 위해 중임·연임이라는 조항을 아예 삭제했고, 대통령도 '통일 주체 국민 회의' 대의원의 추천을 받아야만 후보가 될 수 있게 고쳤습니다. 그들만 조종하면 종신 대통령이 가능해진 셈입니다.

유신 헌법은 절대적 대통령제였습니다. 대통령이 대법원장과 법

관, 헌법 위원회 임명 등의 권한을 통해 사법부를 장악합니다. 국회 의원 3분의 1을 대통령이 임명하면서 국회 해산권도 지니게 했습니다.

박정희는 개인의 자유를 철저히 통제하는 인권 박탈도 감행했습니다. 제왕적 대통령으로 입법·사법·행정부를 장악하고 국민의 인권까지 통제한 유신 헌법은 개정안부터(일부 헌법학자들은 이는 '개정'이 아니라 '제정'이라고 봅니다) 불법으로 시작해 국가 형태를 파괴, 변질시킨 중대한 범죄 행위였습니다. 유신 헌법은 차마 헌법이라고 부르기도 부끄럽습니다.

2013년 헌법 재판소는 박정희에 의해 공포됐던 긴급 조치 제1호, 제2호, 제9호에 대해 전원 일치로 위헌 결정을 내렸습니다. 헌법 재판소는 긴급 조치 제1, 2, 9호가 "입법 목적의 정당성이나 방법의 적절성을 갖추지 못하였을 뿐 아니라 죄형 법정주의에 위배되고, 헌법 개정 권력의 행사와 관련한 참정권, 표현의 자유, 영장주의 및 신체의 자유, 법관에 의해 재판을 받을 권리 등 국민의 기본권을 지나치게 제한하거나 침해하므로 헌법에 위반된다."고 결정했습니다.

우리 헌법의 아프고 부끄러운 역사적 장면입니다.

| 헌법 이야기를 마치며 |

헌법 위에 국민

법치주의 국가에서 헌법은 모든 법률 중에서 가장 효력이 크고 제일 강합니다. 헌법은 대한민국을 움직이는 가장 기초적인 주춧돌이 되기도 합니다. 헌법은 그만큼 중요합니다. 하지만 헌법이 모든 것은 아닙니다. 헌법도 대한민국 국민을 위해 존재해야 합니다. 헌법이 국민보다 더 높게 있어서는 안 됩니다. 헌법 속에 있는 국가 기관도 국민의 안전과 생명, 평화, 행복한 삶을 위해 필요한 것이지, 국민을 억압하거나 권력을 휘두르기 위해서 존재하면 안 됩니다.

현행 헌법이 오래됐으니 이제 헌법을 개정하자는 얘기가 나옵니다. 과거에는 헌법을 권력자들이 바꿨습니다. 헌법만 바꾸면 자기들 세상이 될 수 있었기 때문입니다. 시대가 변하고 정치적 상황이 바뀌면 헌법을 개정할 수 있습니다. 하지만 헌법 개정도 국민이 필요해서 해야지, 정치인들의 욕심과 권력을 향한 야망 때문에 해서는 안 됩니다. 개헌은 전문 법학자, 사

【발의】
국회 의원 재적 과반수나 대통령이 개헌안에 대해 발의합니다.

【공고】
20일 이상 헌법 개정안을 공고합니다.

회 여러 단체, 국가 기관, 정치인들이 깊이 논의하고 국민의 의견을 모아 신중하게 결정해야 합니다.

헌법에도 문제가 있을 수 있습니다. 하지만 헌법의 문제보다 헌법을 지켜야 하는 대통령부터 국가 기관, 정치인들이 자신들 멋대로 해석해서 통치하려는 모습이 문제입니다.

모든 국민이 행복해지는 완벽한 법은 없습니다. 하지만 그런 세상을 만들려는 노력이 쌓이면서 최선의 법이 만들어지고, 국가 기관이 공정하게 운영될 수 있습니다.

임시 정부 헌법부터 현재 헌법에 이르기까지 오랜 시간이 걸렸습니다. 그 안에 우리 국민의 지혜와 희생, 노력이 담겨 있습니다. 이제 헌법은 이 시대를 살아가는 우리가 바꾸고 지켜야 합니다. 헌법 또한 후손에게 물려줄 가장 큰 유산이 될 수 있기 때문입니다.

【국회 의결】
공고된 날로부터 60일 안에 국회 의결을 합니다. 국회 재적 의원 3분의 2 이상이 찬성해야 합니다.

【국민 투표】
국회 의결 뒤 30일 이내에 국민 투표를 합니다. 선거권자 과반수 이상의 투표, 투표자의 과반수 이상의 찬성을 얻어야 합니다.

【공포】
국민 투표로 개정안이 확정되면 대통령이 즉시 공포합니다.

대한민국 헌법

전문

유구한 역사와 전통에 빛나는 우리 대한 국민은 3·1 운동으로 건립된 대한민국 임시 정부의 법통과 불의에 항거한 4·19 민주 이념을 계승하고, 조국의 민주개혁과 평화적 통일의 사명에 입각하여 정의·인도와 동포애로써 민족의 단결을 공고히 하고, 모든 사회적 폐습과 불의를 타파하며, 자율과 조화를 바탕으로 자유 민주적 기본 질서를 더욱 확고히 하여 정치·경제·사회·문화의 모든 영역에 있어서 각인의 기회를 균등히 하고, 능력을 최고도로 발휘하게 하며, 자유와 권리에 따르는 책임과 의무를 완수하게 하여, 안으로는 국민 생활의 균등한 향상을 기하고 밖으로는 항구적인 세계 평화와 인류 공영에 이바지함으로써 우리들과 우리들의 자손의 안전과 자유와 행복을 영원히 확보할 것을 다짐하면서 1948년 7월 12일에 제정되고 8차에 걸쳐 개정된 헌법을 이제 국회의 의결을 거쳐 국민 투표에 의하여 개정한다. 1987년 10월 29일

제1장 총강

제1조 ① 대한민국은 민주 공화국이다.
② 대한민국의 주권은 국민에게 있고, 모든 권력은 국민으로부터 나온다.
제2조 ① 대한민국의 국민이 되는 요건은 법률로 정한다.
② 국가는 법률이 정하는 바에 의하여 재외 국민을 보호할 의무를 진다.
제3조 대한민국의 영토는 한반도와 그 부속 도서로 한다.
제4조 대한민국은 통일을 지향하며, 자유 민주적 기본 질서에 입각한 평화적 통일 정책을 수립하고 이를 추진한다.
제5조 ① 대한민국은 국제 평화의 유지에 노력하고 침략적 전쟁을 부인한다.
② 국군은 국가의 안전 보장과 국토방위의 신성한 의무를 수행함을 사명으로 하며, 그 정치적 중립성은 준수된다.
제6조 ① 헌법에 의하여 체결·공포된 조약과 일반적으로 승인된 국제 법규는 국내법과 같은 효력을 가진다.
② 외국인은 국제법과 조약이 정하는 바에 의하여 그 지위가 보장된다.
제7조 ① 공무원은 국민 전체에 대한 봉사자이며, 국민에 대하여 책임을 진다.
② 공무원의 신분과 정치적 중립성은 법률이 정하는 바에 의하여 보장된다.
제8조 ① 정당의 설립은 자유이며, 복수 정당제는 보장된다.

② 정당은 그 목적, 조직과 활동이 민주적이어야 하며, 국민의 정치적 의사 형성에 참여하는 데 필요한 조직을 가져야 한다.
③ 정당은 법률이 정하는 바에 의하여 국가의 보호를 받으며, 국가는 법률이 정하는 바에 의하여 정당 운영에 필요한 자금을 보조할 수 있다.
④ 정당의 목적이나 활동이 민주적 기본 질서에 위배될 때에는 정부는 헌법 재판소에 그 해산을 제소할 수 있고, 정당은 헌법 재판소의 심판에 의하여 해산된다.
제9조 국가는 전통문화의 계승·발전과 민족 문화의 창달에 노력하여야 한다.

제2장 국민의 권리와 의무

제10조 모든 국민은 인간으로서의 존엄과 가치를 가지며, 행복을 추구할 권리를 가진다. 국가는 개인이 가지는 불가침의 기본적 인권을 확인하고 이를 보장할 의무를 진다.
제11조 ① 모든 국민은 법 앞에 평등하다. 누구든지 성별·종교 또는 사회적 신분에 의하여 정치적·경제적·사회적·문화적 생활의 모든 영역에 있어서 차별을 받지 아니한다.
② 사회적 특수 계급의 제도는 인정되지 아니하며, 어떠한 형태로도 이를 창설할 수 없다.
③ 훈장 등의 영전은 이를 받은 자에게만 효력이 있고, 어떠한 특권도 이에 따르지 아니한다.
제12조 ① 모든 국민은 신체의 자유를 가진다. 누구든지 법률에 의하지 아니하고는 체포, 구속, 압수, 수색 또는 심문을 받지 아니하며, 법률과 적법한 절차에 의하지 아니하고는 처벌·보안 처분 또는 강제 노역을 받지 아니한다.
② 모든 국민은 고문을 받지 아니하며, 형사상 자기에게 불리한 진술을 강요당하지 아니한다.
③ 체포·구속·압수 또는 수색을 할 때에는 적법한 절차에 따라 검사의 신청에 의하여 법관이 발부한 영장을 제시하여야 한다. 다만, 현행 범인인 경우와 장기 3년 이상의 형에 해당하는 죄를 범하고 도피 또는 증거 인멸의 염려가 있을 때에는 사후에 영장을 청구할 수 있다.
④ 누구든지 체포 또는 구속을 당한 때에는 즉시 변호인의 조력을 받을 권리를 가진다. 다만, 형사 피고인이 스스로 변호인을 구할 수 없을 때에는 법률이 정하는 바에 의하여 국가가 변호인을 붙인다.

⑤ 누구든지 체포 또는 구속의 이유와 변호인의 조력을 받을 권리가 있음을 고지받지 아니하고는 체포 또는 구속을 당하지 아니한다. 체포 또는 구속을 당한 자의 가족 등 법률이 정하는 자에게는 그 이유와 일시, 장소가 지체 없이 통지되어야 한다.
⑥ 누구든지 체포 또는 구속을 당한 때에는 적부의 심사를 법원에 청구할 권리를 가진다.
⑦ 피고인의 자백이 고문·폭행·협박·구속의 부당한 장기화 또는 기망 기타의 방법에 의하여 자의로 진술된 것이 아니라고 인정될 때 또는 정식 재판에 있어서 피고인의 자백이 그에게 불리한 유일한 증거일 때에는 이를 유죄의 증거로 삼거나 이를 이유로 처벌할 수 없다.
제13조 ① 모든 국민은 행위 시의 법률에 의하여 범죄를 구성하지 아니하는 행위로 소추되지 아니하며, 동일한 범죄에 대하여 거듭 처벌받지 아니한다.
② 모든 국민은 소급 입법에 의하여 참정권의 제한을 받거나 재산권을 박탈당하지 아니한다.
③ 모든 국민은 자기의 행위가 아닌 친족의 행위로 인하여 불이익한 처우를 받지 아니한다.
제14조 모든 국민은 거주 이전의 자유를 가진다.
제15조 모든 국민은 직업 선택의 자유를 가진다.
제16조 모든 국민은 주거의 자유를 침해받지 아니한다. 주거에 대한 압수나 수색을 할 때에는 검사의 신청에 의하여 법관이 발부한 영장을 제시하여야 한다.
제17조 모든 국민은 사생활의 비밀과 자유를 침해받지 아니한다.
제18조 모든 국민은 통신의 비밀을 침해받지 아니한다.
제19조 모든 국민은 양심의 자유를 가진다.
제20조 ① 모든 국민은 종교의 자유를 가진다.
② 국교는 인정되지 아니하며, 종교와 정치는 분리된다.
제21조 ① 모든 국민은 언론·출판의 자유와 집회·결사의 자유를 가진다.
② 언론·출판에 대한 허가나 검열과 집회·결사에 대한 허가는 인정되지 아니한다.
③ 통신·방송의 시설 기준과 신문의 기능을 보장하기 위하여 필요한 사항은 법률로 정한다.
④ 언론·출판은 타인의 명예나 권리 또는 공중도덕이나 사회 윤리를 침해하여서는 아

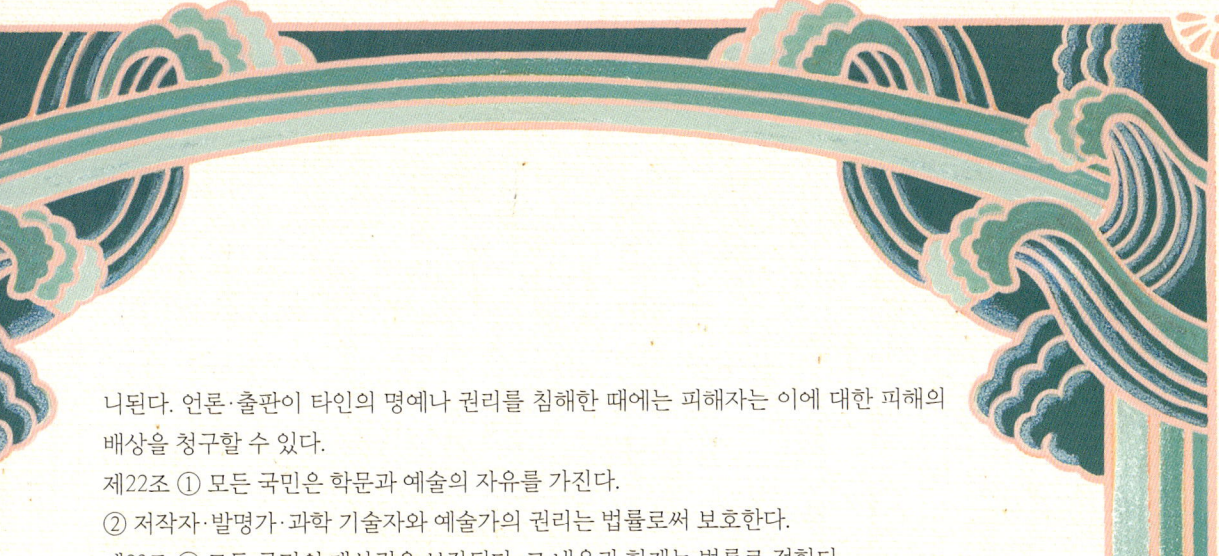

니된다. 언론·출판이 타인의 명예나 권리를 침해한 때에는 피해자는 이에 대한 피해의 배상을 청구할 수 있다.
제22조 ① 모든 국민은 학문과 예술의 자유를 가진다.
② 저작자·발명가·과학 기술자와 예술가의 권리는 법률로써 보호한다.
제23조 ① 모든 국민의 재산권은 보장된다. 그 내용과 한계는 법률로 정한다.
② 재산권의 행사는 공공복리에 적합하도록 하여야 한다.
③ 공공 필요에 의한 재산권의 수용, 사용 또는 제한 및 그에 대한 보상은 법률로써 하되, 정당한 보상을 지급하여야 한다.
제24조 모든 국민은 법률이 정하는 바에 의하여 선거권을 가진다.
제25조 모든 국민은 법률이 정하는 바에 의하여 공무 담임권을 가진다.
제26조 ① 모든 국민은 법률이 정하는 바에 의하여 국가 기관에 문서로 청원할 권리를 가진다.
② 국가는 청원에 대하여 심사할 의무를 진다.
제27조 ① 모든 국민은 헌법과 법률이 정한 법관에 의하여 법률에 의한 재판을 받을 권리를 가진다.
② 군인 또는 군무원이 아닌 국민은 대한민국의 영역 안에서는 중대한 군사상 기밀, 초병, 초소, 유독 음식물 공급, 포로, 군용물에 관한 죄 중 법률이 정한 경우와 비상계엄이 선포된 경우를 제외하고는 군사 법원의 재판을 받지 아니한다.
③ 모든 국민은 신속한 재판을 받을 권리를 가진다. 형사 피고인은 상당한 이유가 없는 한 지체 없이 공개 재판을 받을 권리를 가진다.
④ 형사 피고인은 유죄의 판결이 확정될 때까지는 무죄로 추정된다.
⑤ 형사 피해자는 법률이 정하는 바에 의하여 당해 사건의 재판 절차에서 진술할 수 있다.
제28조 형사 피의자 또는 형사 피고인으로서 구금되었던 자가 법률이 정하는 불기소 처분을 받거나 무죄 판결을 받은 때에는 법률이 정하는 바에 의하여 국가에 정당한 보상을 청구할 수 있다.
제29조 ① 공무원의 직무상 불법 행위로 손해를 받은 국민은 법률이 정하는 바에 의하여 국가 또는 공공 단체에 정당한 배상을 청구할 수 있다. 이 경우 공무원 자신의 책임은 면제되지 아니한다.

② 군인·군무원·경찰 공무원 기타 법률이 정하는 자가 전투·훈련 등 직무 집행과 관련하여 받은 손해에 대하여는 법률이 정하는 보상 외에 국가 또는 공공 단체에 공무원의 직무상 불법 행위로 인한 배상은 청구할 수 없다.

제30조 타인의 범죄 행위로 인하여 생명·신체에 대한 피해를 받은 국민은 법률이 정하는 바에 의하여 국가로부터 구조를 받을 수 있다.

제31조 ① 모든 국민은 능력에 따라 균등하게 교육을 받을 권리를 가진다.

② 모든 국민은 그 보호하는 자녀에게 적어도 초등 교육과 법률이 정하는 교육을 받게 할 의무를 진다.

③ 의무 교육은 무상으로 한다.

④ 교육의 자주성·전문성·정치적 중립성 및 대학의 자율성은 법률이 정하는 바에 의하여 보장된다.

⑤ 국가는 평생 교육을 진흥하여야 한다.

⑥ 학교 교육 및 평생 교육을 포함한 교육 제도와 그 운영, 교육 재정 및 교원의 지위에 관한 기본적인 사항은 법률로 정한다.

제32조 ① 모든 국민은 근로의 권리를 가진다. 국가는 사회적·경제적 방법으로 근로자의 고용의 증진과 적정 임금의 보장에 노력하여야 하며, 법률이 정하는 바에 의하여 최저 임금제를 시행하여야 한다.

② 모든 국민은 근로의 의무를 진다. 국가는 근로의 의무의 내용과 조건을 민주주의 원칙에 따라 법률로 정한다.

③ 근로 조건의 기준은 인간의 존엄성을 보장하도록 법률로 정한다.

④ 여자의 근로는 특별한 보호를 받으며, 고용·임금 및 근로 조건에 있어서 부당한 차별을 받지 아니한다.

⑤ 연소자의 근로는 특별한 보호를 받는다.

⑥ 국가 유공자·상이군경 및 전몰군경의 유가족은 법률이 정하는 바에 의하여 우선적으로 근로의 기회를 부여받는다.

제33조 ① 근로자는 근로 조건의 향상을 위하여 자주적인 단결권·단체 교섭권 및 단체 행동권을 가진다.

② 공무원인 근로자는 법률이 정하는 자에 한하여 단결권·단체 교섭권 및 단체 행동권

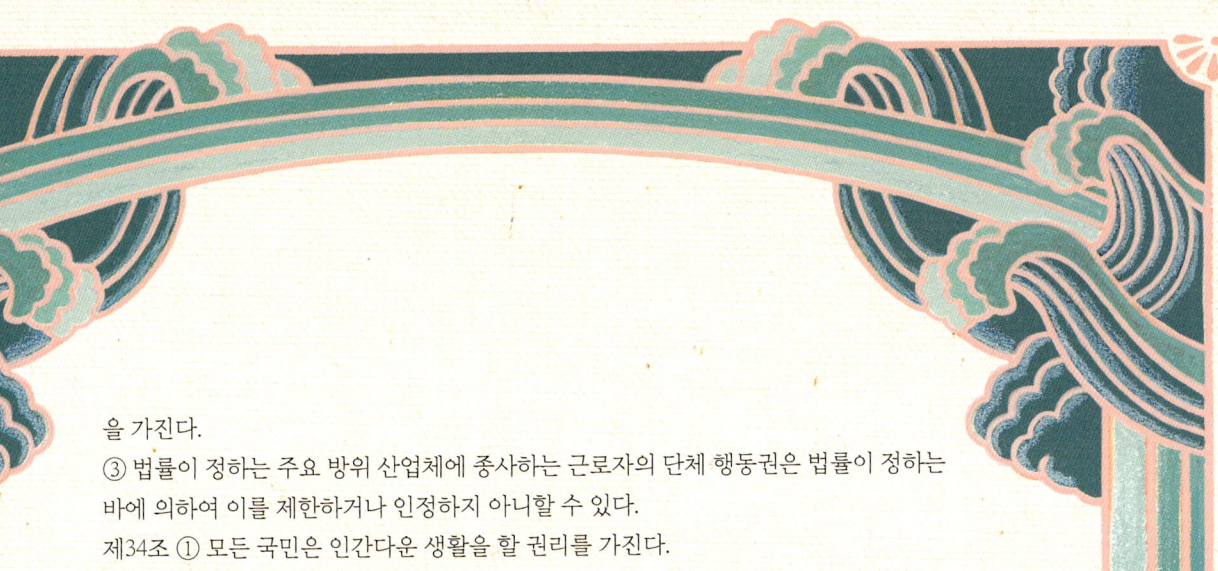

을 가진다.
③ 법률이 정하는 주요 방위 산업체에 종사하는 근로자의 단체 행동권은 법률이 정하는 바에 의하여 이를 제한하거나 인정하지 아니할 수 있다.
제34조 ① 모든 국민은 인간다운 생활을 할 권리를 가진다.
② 국가는 사회 보장·사회 복지의 증진에 노력할 의무를 진다.
③ 국가는 여자의 복지와 권익의 향상을 위하여 노력하여야 한다.
④ 국가는 노인과 청소년의 복지 향상을 위한 정책을 실시할 의무를 진다.
⑤ 신체장애자 및 질병·노령 기타의 사유로 생활 능력이 없는 국민은 법률이 정하는 바에 의하여 국가의 보호를 받는다.
⑥ 국가는 재해를 예방하고 그 위험으로부터 국민을 보호하기 위하여 노력하여야 한다.
제35조 ① 모든 국민은 건강하고 쾌적한 환경에서 생활할 권리를 가지며, 국가와 국민은 환경 보전을 위하여 노력하여야 한다.
② 환경권의 내용과 행사에 관하여는 법률로 정한다.
③ 국가는 주택 개발 정책 등을 통하여 모든 국민이 쾌적한 주거 생활을 할 수 있도록 노력하여야 한다.
제36조 ① 혼인과 가족생활은 개인의 존엄과 양성의 평등을 기초로 성립되고 유지되어야 하며, 국가는 이를 보장한다.
② 국가는 모성의 보호를 위하여 노력하여야 한다.
③ 모든 국민은 보건에 관하여 국가의 보호를 받는다.
제37조 ① 국민의 자유와 권리는 헌법에 열거되지 아니한 이유로 경시되지 아니한다.
② 국민의 모든 자유와 권리는 국가 안전 보장, 질서 유지 또는 공공복리를 위하여 필요한 경우에 한하여 법률로써 제한할 수 있으며, 제한하는 경우에도 자유와 권리의 본질적인 내용을 침해할 수 없다.
제38조 모든 국민은 법률이 정하는 바에 의하여 납세의 의무를 진다.
제39조 ① 모든 국민은 법률이 정하는 바에 의하여 국방의 의무를 진다.
② 누구든지 병역 의무의 이행으로 인하여 불이익한 처우를 받지 아니한다.

헌법을 읽는 어린이

2017년 4월 10일 1판 1쇄
2024년 9월 25일 1판 10쇄

글쓴이 임병도 | 그린이 윤지회

기획·편집 최일주, 이혜정, 김인혜 | 교정 한지연 | 디자인 민트플라츠 송지연 | 세삭 박흥기
마케팅 양현범, 이장열, 김시원 | 홍보 조민희 | 인쇄 코리아피앤피 | 제책 J&D바인텍

펴낸이 강맑실 | 펴낸곳 (주)사계절출판사 | 등록 제 406-2003-034호
주소 (우)10881 경기도 파주시 회동길 252
전화 031)955-8588, 8558 | 전송 마케팅부 031)955-8595, 편집부 031)955-8596
홈페이지 www.sakyejul.net | 전자우편 skj@sakyejul.com | 블로그 blog.naver.com/skjmail
페이스북 facebook.com/sakyejulkid | 인스타그램 instagram.com/sakyejulkid

ⓒ 임병도, 윤지회 2017

값은 뒤표지에 적혀 있습니다. 잘못 만든 책은 구입하신 서점에서 바꾸어 드립니다.
사계절출판사는 성장의 의미를 생각합니다. 사계절출판사는 독자 여러분의 의견에 늘 귀 기울이고 있습니다.
이 책은 저작권법에 따라 보호받는 저작물이므로 무단전재와 무단복제를 금합니다.

ISBN 979-11-6094-029-9 73360
ISBN 978-89-5828-770-4 (세트)